ウェブ小説の衝撃

ネット発ヒットコンテンツのしくみ

Ichishi Iida
飯田一史

筑摩書房

装丁——戸塚泰雄（ｎｕ）

目次

はじめに

ウェブ／テクノロジーは旧態依然とした業界に何をもたらすか？

ウェブ小説は、いまや日本の小説市場の中核に位置している。

少なくともビジネス的には、確実に。

日本の出版市場の販売額は二〇一四年に一兆六〇六五億円（書籍七五四四億円、雑誌八五二〇億円）となり、一七年連続で減少。

雑誌に比べれば書籍の落ち幅は小さい――とは言われるものの、小説は厳しい状況にある。日販や出版科学研究所が定期的に発表しているデータを眺めていくと、文芸書や文庫本の売上は、前年同月比一割から二割減が長くつづいていることがわかる。ときどきプラスになる月もあるが、それは村上春樹の新刊やお笑い芸人の又吉直樹が芥川賞を取ったときのようなメガヒットが生まれたときに限られる。商品としての紙の小説は、衰退していっている。

そんななか唯一、成長している文芸書のジャンルがある。

ウェブ小説（ネット小説）の書籍化である。

二〇一〇年代以降、ネット上の小説投稿プラットフォーム「小説家になろう」や「E★エブ

順位	書名	著編者	出版社
1	火花	又吉直樹	文藝春秋
2	職業としての小説家	村上春樹	スイッチ・パブリッシング
3	君の膵臓をたべたい	住野よる	双葉社
4	スクラップ・アンド・ビルド	羽田圭介	文藝春秋
5	流	東山彰良	講談社
6	オーバーロード（1〜9）	丸山くがね	KADOKAWA
7	八男って、それはないでしょう!（6）	Y.A	KADOKAWA
8	掟上今日子の挑戦状	西尾維新	講談社
9	村上さんのところ	村上春樹	新潮社
10	確率捜査官　御子柴岳人　ゲームマスター	神永学	KADOKAWA
11	掟上今日子の備忘録	西尾維新	講談社
12	二度目の人生を異世界で（6）	まいん	ホビージャパン
13	銀翼のイカロス	池井戸潤	ダイヤモンド社
14	とあるおっさんの VRMMMO 活動記（7）	椎名ほわほわ	アルファポリス
15	シルバー川柳（5）	全国有料老人ホーム協会　ポプラ社編集部（編）	ポプラ社
16	ウォルテニア戦記（1）	保利亮太	ホビージャパン
17	本好きの下剋上　第二部（1）	香月美夜	TO ブックス
18	ログ・ホライズン（10）	橙乃ままれ	KADOKAWA
19	教団 X	中村文則	集英社
20	ラプラスの魔女	東野圭吾	KADOKAWA

順位	書名	著編者	出版社
1	愚物語	西尾維新	講談社
2	火花	又吉直樹	文藝春秋
3	掟上今日子の遺言書	西尾維新	講談社
4	君の膵臓をたべたい	住野よる	双葉社
5	掟上今日子の備忘録	西尾維新	講談社
6	ログ・ホライズン（10）	橙乃ままれ	KADOKAWA
7	職業としての小説家	村上春樹	スイッチ・パブリッシング
8	スクラップ・アンド・ビルド	羽田圭介	文藝春秋
9	居酒屋ぼったくり（4）	秋川滝美	アルファポリス
10	流	東山彰良	講談社
11	オーバーロード（1〜9）	丸山くがね	KADOKAWA
12	掟上今日子の挑戦状	西尾維新	講談社
13	空海	高村薫	新潮社
14	掟上今日子の推薦文	西尾維新	講談社
15	巻き込まれて異世界転移する奴は、大抵チート	海東方舟	宝島社
16	骸骨騎士様、只今異世界へお出掛け中（2）	秤猿鬼	オーバーラップ
17	鍵の掛かった男	有栖川有栖	幻冬舎
18	ログ・ホライズン　外伝　櫛八玉、がんばる!	山本ヤマネ	KADOKAWA
19	無職転生～異世界行ったら本気だす～8	理不尽な孫の手	KADOKAWA
20	異世界転生騒動記（6）	高見梁川	アルファポリス

表 1（上）は 2015 年 9 月期の、表 2（下）は 2015 年 10 月期の売れ行き良好書（文芸書ジャンル）。それぞれ「出版月報」2015 年 10 月号、11 月号（出版科学研究所）を元に作成。マーカーで示した書籍が Web 発

リスタ」で人気の作品を書籍化する動きが目立っている。紙の本になったウェブ小説はイラストを表紙にした単行本で刊行されることが多く、KADOKAWAやアルファポリスを筆頭に各社がこぞって参入。代表的な版元アルファポリスは二〇一二年三月決算では売上約一〇億円だったが、二〇一五年三月決算では約二六・六億円と倍以上に成長。このジャンルは動きが鈍いノベルス棚やハードカバーの純文学などと入れ替わり、棚面積を増やしている。『ソードアート・オンライン』『ログ・ホライズン』『魔法科高校の劣等生』『オーバーロード』『ゲート』『ダンジョンに出会いを求めるのは間違っているだろうか』など映像化される作品も続々生まれている。当面は、売上規模も拡大を続けるだろう。筆者の取材によれば、日本最大規模を誇るCCC傘下の書店（TSUTAYA系列の書店）では、ウェブ小説書籍化作品の売上は文芸全体の半分を占めるに至っている。つまり日本の小説市場では、ウェブ発の小説が売上の半分近くを占めているのだ（表1・2）。

ウェブ小説は二〇一〇年代においてもっとも注目すべきサブカルチャーのひとつであり、ネットビジネス／コンテンツビジネスの注目分野である。

なぜこうなりえたのか？

ウェブ小説のヒットなど、過去に何度もあった特定のジャンル小説の「ブーム」にすぎないのではないか、と思うかもしれない。それは違う。

「小説家になろう」をはじめとする「ウェブ小説投稿プラットフォームで人気になった作品を書籍化する」という手法は、「紙の小説雑誌に載せていた作品を単行本にするという既存の手法と同じではないのか?」と思う方もいるかもしれない。しかし、これは決定的に異なる。何がどう違うのか。なぜ違うのか。これらがもたらす脅威とチャンス、新たな読書体験とは?

本書ではそれを明らかにしていこうと思う。

私は、まず何より出版業界の人たちに本書を読んでもらいたいと思っている。だが、それだけではない。IT企業と出版社のような「ウェブサービスや新しいテクノロジーを提供する企業」と「アナログでアナクロなレガシー(古い業界)」とは、どう付き合っていけばいいのか? という問題は、昨今さまざまな産業、さまざまな文化で見られるものである。レガシーは新興のIT企業にリプレイス(代替)され、滅ぼされてしまうのか? それとも、ウェブ/テクノロジーは、救済の天使となってくれるのか? 本書は出版業界に興味がない人にとっても、仕事や文化について考えるヒントになりうるだろう。

海外ではウェブ(Kindle Direct Publishing)からE・L・ジェイムズのロマンス小説『Fifty shades of grey』やヒュー・ハウイー『ウール』、アンディ・ウィアー『火星の人』のような世界的なヒット作が生まれているし、アニメが世界を席巻した『ソードアート・オンライン』の原作は、もとはウェブ小説である。日本のウェブ小説の現状についてまとめた書籍はほとんどない。ここから、ウェブより生まれた「時代の欲望」(現代性)を読み取ってもいいだろうし、(本書では扱わないが)同じ「ウェブ発」ながら日本人が好むものと欧米でウケるものの想像力の違い（比較文化論）を考えてもらってもいいかもしれない。

読むひとそれぞれが、自分（たち）に引きつけて思案をめぐらせてもらえれば幸いである。

第一部

紙の雑誌のオワコン化が文芸の世界にもたらした地殻変動

1　又吉直樹『火花』のフィーバーとウェブ小説プラットフォームの隆盛は表裏一体である

二〇一五年。

「芸人初の芥川賞受賞」という話題性から、又吉直樹『火花』が二四〇万部を突破した。

この「又吉フィーバー」の背後を読み解くことで、現代日本において「紙の小説」がどんな状態にあるかの一端が見えてくる。

一見これはウェブ小説の隆盛とは縁遠い出来事のように思えるだろう。

だが、実は表裏の事態なのだ。

まずはこのトピックから、日本の文芸界の構造的な問題を捉えていきたい。

ひとつには、紙の小説雑誌に影響力がなくなったこと。

ひとつには、出版社が新人を発掘・育成する能力と体力が衰えてきたこと。

このふたつの理由から、ウェブ小説の投稿プラットフォームは必要とされている。

出版社はもはや自前で新しい書き手を発掘し、育て、売り出すことが難しくなっている

今や出版社は、作品の企画（R&D）とプロモーションを自前のメディアや資金を投じるよりも、ネットとテレビ頼みにしている。

その象徴が、『火花』芥川賞受賞だった。

一方には、又吉直樹のように、芸能人としてのネームバリューを活かして単行本が出版される作家がいる。

他方で、いくつもの小説誌（とくに純文学を掲載する文芸誌）では、

○その出版社の新人賞を受賞した書き手なのに、雑誌に載せるだけで単行本化してもらえない

○版元から依頼を受けて雑誌に連載した企画なのに、連載終了後に単行本にしてもらえない

○新人賞を受賞したのに次の作品を雑誌に載せてもらえない。単行本企画が通らない

といったことが常態化している。

「紙の雑誌に連載し、単行本化して収益化する」どころか、

「出しても売れないと出版社側が判断し、単行本にすらしない」ことも起こっている。

ではなぜ雑誌に載せるのか？　雑誌の売上が伸びるわけでもなかろうに、と思うだろう。これは私にもわからない、不可解な事態である。ルーチンで発行される雑誌のページを埋めるた

めだけに行われている作業なのかもしれない。

小説ではなく、少しマンガのほうに目を向けてみると、どうか。

マンガ雑誌は、作家から単行本になる原稿を取る媒体である。したがって、雑誌本体が売れなくてもしかたない（単行本でリクープするしかない）。そういう状態であることは、今やよく知られている。かつてはコミックスより雑誌が儲かった時代もあったのだが、遠い昔の話になってしまった。

一般文芸も、同じような構造である。

近年では、ライトノベルや時代小説、警察小説を中心に「文庫書き下ろし」が増えてきている。だがもともとは、紙の雑誌に連載した作品を単行本化し、何年かあとに文庫化する。これがセオリーだった。

いまではもはや版元の編集者や販売の人間は
○ポッと出のやつ、たいして売れるにおいもしないやつが書いたものは雑誌に載せるだけで本にしなくていい
○自分のところで新人賞を与えたにもかかわらず、雑誌に載せなくてもいい
○過去に売れた実績のある作家以外は企画を通さなくていい
という判断を頻繁に下している。

それが、紙の小説を取り巻く現状である。

出版社は、リスクを取らなくなっている。

「新人の可能性に投資する」とか「意気を買う」といったことを、しなくなっている。とにかく「様子を見てから（数字を見てから／結果を見てから）判断する」。

こればかりだ。

そしていちど失敗した人間（一冊目の本が売れなかった作家など）にはチャンスを与えない。失敗した原因を探って再チャレンジしよう、とはならない。見切ることにだけ積極的な体質になってきているのだ。

純文学の単行本は、とくに過去に売れた実績がなければ初版二〇〇〇、三〇〇〇部はざらである。エンタメであっても単行本は三〇〇〇～五〇〇〇部、文庫でも一万を切る刷り部数であることもめずらしくない。主要なライトノベルレーベルではもう少し基礎部数は多い。それでもかつてに比べれば、じりじりと下がってきている。

ここで言いたいのは、にもかかわらず「単行本にすらならない」企画もある、ということだ。この現象には「雑誌の影響力の低下」が大きく関わっている。

月間ユニークユーザー一万の媒体に宣伝力があるわけがない

純文学にかぎらず、小説の雑誌の実売は今やおおむね数千部から多くて一万部代である。九〇年代には数万部刷っている媒体もあった。それよりもっと遡れば、数十万部はけていた時代すらあった。だが今や、雑誌単体では赤字である（多くの小説誌が、年間で億単位の赤字を生んでいる）。

ウェブメディアで考えてみてほしい。

ユニークユーザーが月間一万ていどで上限がキャップされている（アクセス制限がされている）サイトにメディアとしての拡散力があるだろうか？

あるわけがない。

有料メディアで月額一〇〇〇円、会員数が数千あれば、ウェブではファンクラブビジネスとして成立するケースもある。だがしかし、それはその媒体が掲載コンテンツを世に広く売り出してくれる、認知させてくれるものであることを意味しない。

いま紙の雑誌には、載せた作品をプロモーションする力がない。

だからこそ、雑誌に載った原稿や、新人賞でデビューさせた作家の原稿を、単行本にできないのだ。出版社が自前で持つメディアに、宣伝して世に広め、作品を売り出す力がないからである。

小説新人賞の形骸化

雑誌だけではない。小説新人賞の多くも力を失い、存在が形骸化している。

小説新人賞は一度行うだけで安くて数百万円、ふつうは一千万円単位のコストがかかる。そのわりには打率が低い――デビュー一作目で大ヒットを飛ばす作家になることは、めったにない。育成するにはさらにコストがかかる。

作家が育つには時間がかかる。芽が出ないこともある。

だから今では、そんな効率の悪いことに力を入れなくなっている。

てっとりばやく数字が見込める、すでに腕がたしかな作家にばかり、依頼が集中する。少なくない編集者および営業・販売の人間は、ヒット作家や業界内評価が高かったり、固定ファンがいる作家、過去に売れた作品の二番煎じを出すことには積極的だ。しかしド新人や今までにないタイプの作品を通すことには、きわめて消極的になっている。

これではなんのために新人賞をやっているのか、よくわからない。

『新宿鮫』で知られる大沢在昌は、デビューしてから一一年間、二八冊の小説がすべて初版止まりだったという。いまの出版界に、そんな作家の本を出そうという気概はない。版元の部決会議では、取次や書店のPOSデータがものを言う。したがって、過去の数字が惨憺たる作家はそもそもお引き取りいただくことになる。あるいは、名前を変えて再デビューすることをすすめる。

もちろん、版元には、商品力が見込めない企画を通す義理はない。商売だから、当然だ。

私は「売れない作家の本でも出せ」と言っているのではない。

ただ彼らがやっている行為は

○うちの新人賞、うちの雑誌には告知効果はありません（だから掲載しても誰にも知られることはなく、したがって単行本化しても売れない）
○作家の育成はしません。宣伝も書き手がしてください。売れる見込みがありそうな数字を持っているひとの本だけを出します
○うちには本を作る機能しかありません。売る力がありません
と認めているに等しい。

それでいいのだろうか？

賞をあげても本にしない。雑誌に載せても本にしない。そもそも賞をあげた書き手の原稿を雑誌に載せもしない。これらは恥知らずな行為である。

だがそれをさも当然のようにせざるをえないほど、既成の文芸は追い込まれている。

「紙の書籍」と「電子書籍」の二択だと考えてきた出版社の愚

既成出版社は、雑誌が凋落し続けるあいだ、何をしてきたか？　どう考えていたか？

ひとつは、紙への固執である。

いわく、電子やウェブがそんなに重大な勢力になるはずがない。

いわく、「やっぱり紙はいい」。

かように脅威を軽んじ、フェティシズムに浸ってきたひとたちは少なくなかった。

しかし、テクノロジーの発達に対してアナクロニズムが勝利したことは、人類の歴史上ほとんどまったく存在しない。

ラッダイト運動は成功したか？

手書き原稿とワープロの戦いで勝利したのはどちらだったか？

ひとは、使用やアクセスがより便利、ラク、気軽なほうに流れる。時間あたりの体験の密度が濃いデバイスを選ぶ。そうした娯楽に流れていく。

紙の本、紙の小説がいくら好きであっても、それはそれ。

作り手・送り手がそこに固執していると、どうなるか？

電卓が登場してきたにもかかわらず、そろばんにこだわってきた職人のように、時代遅れになる。

日本の大半の消費者、本を読むひとたちは、気移りしやすいミーハーな存在である。そしてミーハーなユーザーを取り込まずして、ヒットは生まれない。

もちろん、紙以外に可能性をみいだした出版社の人間たちもいた。

二〇一〇年代初頭において、その多くは「電子書籍」に目を向けていた。

二〇一〇年にiPadが発売され、（何度目かの）「電子書籍元年」と言われた。

二〇一五年には、電子書籍市場は一〇〇〇億円以上にまで成長している。その大半はコミックだ。とはいえ、まだまだ伸びていくと推測されている。

くりかえす。

なぜか出版界は「電子書籍」にばかり注目してきたのである。

有料の「紙の書籍」と「電子書籍」をどう売るか？　……という話はよく出ていた。

だがそこには、基本無料の「ウェブメディア」（ウェブサービス）をどう絡めるか？　という切り口での議論は少なかったのだ（図1）。

二〇一四、一五年には、「小説家になろう」書籍化作品が無視できないほどの売上規模になった。一説には、一四年時点で一〇〇億円はくだらない市場であると言われ、さらなる伸長が期待されている。

あるいは「comico」や「マンガボックス」「LINEマンガ」といったウェブマンガのアプリが、数百万から一〇〇〇万ダウンロードを果たし、コミックスの販売にも寄与することが確認された。

そうなってようやく出版社は、ウェブ上でのコンテンツプラットフォームの重要性を認識するようになったのである。

五年、遅かった。

この認識の遅さは、出版社が基本無料のメディアを運営してこなかったことに由来する。

たとえプロモーション目的のものであろうと、版元はカネを取って売ることありきで考えがちである。その典型が、単行本にするために連載原稿を載せるためだけに存在している紙の小説雑誌であり、マンガ雑誌である。

また、九〇年代から二〇〇〇年代にかけて、ほとんどの出版社にとってウェブは、「プロモーション媒体」でしかなかった。ウェブの担当部署には「編集者」はおらず、担当者は宣伝の部署の人間であったり、場合によっては完全に外注であったりした。

ウェブサイトを収益をうみだすコンテンツを育て、流通させる場であるとは、とらえていなかったのである。

よくて「紙には載せられない二軍作家に与える場」（大手出版社のマンガ編集者によくみられる考え方）という位置付けでしかなかった。

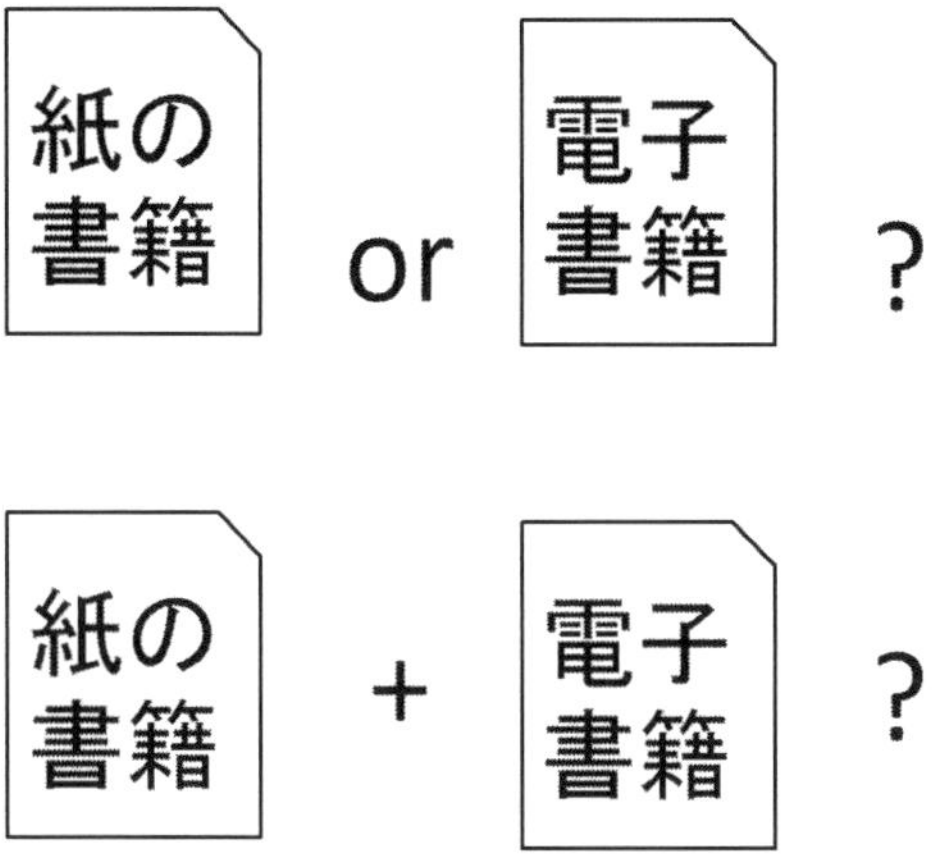

図1　偽りの二者択一
「電子書籍が紙の本を滅ぼす」のか。あるいは「共存するのか」といった視点が2010年代初頭の出版界では目立っていた。しかしそうした議論においては、雑誌メディアの代替手段としてのウェブの存在がまったく無視されていたのである。

二〇一三、一四年以降は状況が変わってきたが、それまで出版社における電子やウェブの部署は、窓際の左遷部署だった。若くて活きのいいエース級の人材ではなく、しくじったり「使えない」若手や、現場を離れて定年を待つだけの年輩が主に配属される部門だった。収益を上げることは真剣には期待されておらず、他社の動向を見て横並びで「一応やるだけやっておく」ものだった。そうして軽んじてきたツケが押し寄せているのだ。

紙の雑誌の凋落というダウントレンド。

ウェブの存在感が増しつづけているというアップトレンド。

このふたつをあわせみれば、ウェブに移行（または併走）すべきだった。

だが、そうしなかった。

出版社が失いつつある企画力とプロモーション機能はどこが担っているか？

かくして、かつて雑誌メディアや新人賞が担っていた作家・作品の発掘と育成機能を、出版界は自前で運営するのではないテレビとウェブメディアにアウトソースせざるをえなくなった。

テレビを使った作家の発掘および作品の売り出しの成功例に、又吉直樹がいる。
○芸能人・有名人に本を書かせる
○テレビ番組を書籍化する
○テレビに出演している文化人の本は出す
○映像化される作品・作家には宣伝費の大半をつぎこんで全力で売り伸ばす
これらのことに、多くの編集者や営業は熱心である。

マス向けの媒体としては、テレビは今でも大きい。

では、ネットはどうか。

冒頭に述べたように、日本の小説界で唯一伸び調子と言えるジャンルは、ウェブ上の小説投稿・閲覧プラットフォーム「小説家になろう」「E★エブリスタ」「Arcadia」などで人気の作品を書籍化したものである。

小説雑誌が落ち目になり、一部の出版人が「電子書籍」に夢を見るなか、ウェブ小説のプラットフォームが台頭してきたのである。

「なろう」を運営するヒナプロジェクトも、「エブリスタ」を運営するエブリスタも、紙の出版社ではない。そして出版社が運営するウェブ小説投稿プラットフォーム／ウェブで小説を読めるメディアで、「なろう」や「エブリスタ」クラスの成功をおさめているものはひとつもない（ただしジャンルを限れば、成功例はある。具体的には本書中盤以降で紹介・解説していく）。

版元は、自分たちでコストをかけて投稿プラットフォームを育てることを、選択しなかった。ただし、それには大きなメリットがあった。

まず出版社にとってありがたいことに、「なろう」や「エブリスタ」に掲載された作品を書籍化する場合、印税は払っても原稿料は払わなくてもいい。自前の雑誌に原稿を書いてもらう場合には作家に対する原稿料が発生する。それ以外にも印刷費その他のコストが重くのしかかる。よそ様が運営するウェブメディアからコンテンツを持ってくれれば、ローコストで単行本にできる原稿が手に入る。

また、ネットで人気の作品は、アクセス数やお気に入り数が可視化されている。ネット発は、出す前から数字が見えている。部数を決めるときに参考にできる数字がある。すでにウェブで人気があるということは、企画として力があるという仮説も立つ（もっとも、いまや事態は「ウェブなら数字が見える」のさらに次のフェーズに突入しているのだが――それはおいおい語っていくことにしよう）。

紙発で企画を立てた場合、参考になる数字として取次や一部書店のPOSデータを使う。過去に出た本の実売の数字は取れる。しかしこれはもちろん、過去に本を出したひとの数字、あるいは類似の作品がある場合にしか、使えない。紙の文芸のマーケットが縮小しているなかで「数字に基づいて判断しろ」と上司や経営層から言われた平均的な日本人はどうなるか？

おわかりだろう。

お役所的な「前例踏襲主義」がエスカレートするだけだ。

当たりそうかどうかもわからない案件に対して「リスクを取って、これはやりましょう」と言う蛮勇は、減りこそすれ、増えはしない。

参考にできる数字があり、いけそうなくらい過去の実績が大きかった企画は通る。

だが過去に類例がない企画、過去に失敗したタイプの企画、過去に出した本が売れなかった書き手の本は、世に出ない。

だから、「テレビで人気」「ネットで人気」「過去に出た類似の本で売れたものがある」「過去に売れた作家」が重宝される（図2）。

ほんの二〇年前までは存在していた「自前の雑誌メディアを使って人気に火をつける」「書き手を育てる」という発想は、ない。版元の「他力本願」化が進んでいるのだ。

この流れは、覆らない。

テレビかネットで有名な人間の本は出す。けれども「本を出すことで今は無名のこいつを知名度ある存在にしてやるのだ」といった気概や自負は失われている。だれもやっていない新しいものが既成出版社発で生み出され、育てられることは、もうない（ただし、マーケットが大きく、電子も合わせればシュリンクしているとは必ずしも言えないマンガの世界でだけは、可能性がある）。

とくに、縮小する一方の文芸ではムリである。

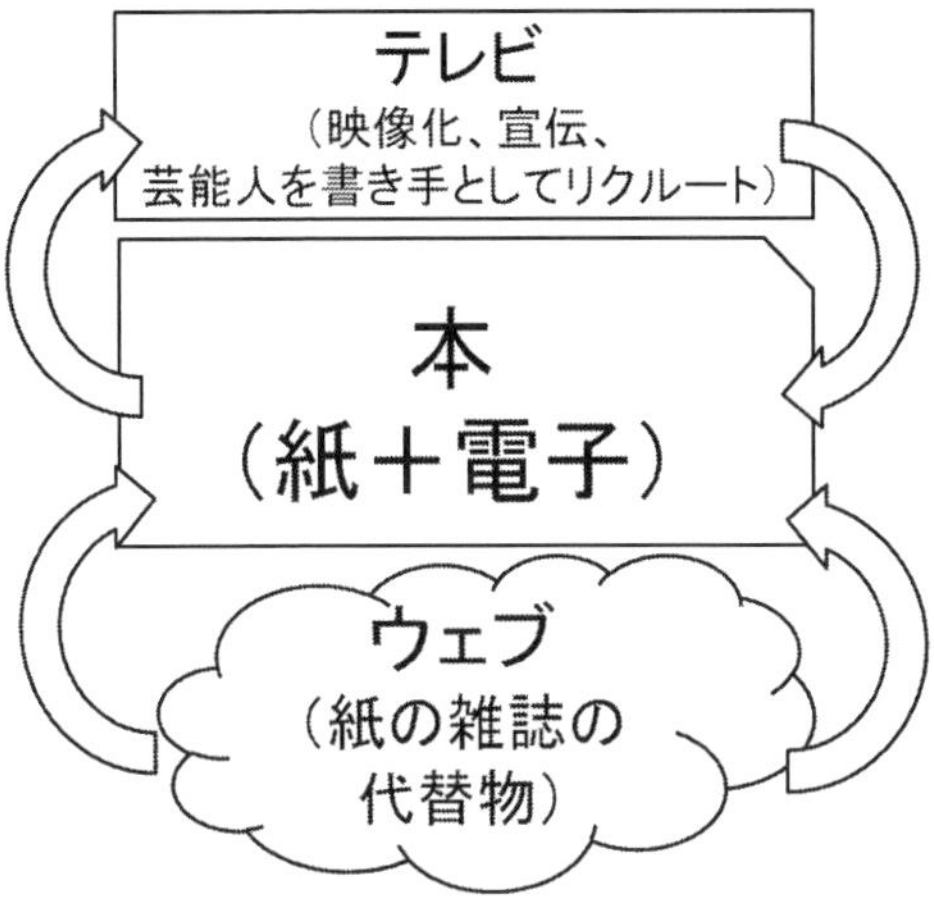

図2　2015年現在の小説ビジネスの勝ちパターン
ウェブが紙の雑誌の代わりに作家・作品のインキュベーション（育成）機能を担い、人気になった作品が紙の本になる。そこでうまくいった作品が映像化される。また、作品のプロモーションはやはり凋落した紙の雑誌に代わってもっぱらテレビとウェブが担っている。

いま売れているものに似ているものか、ネットやテレビで動向が確認されたものだけが本になる。そうでないルートでどうにか本になったものでも、ネットとテレビでブーストされないと、むかしよりは伸びにくい。

出版社が自前で持っている雑誌メディアを通じて宣伝して売り伸ばす、育てる、という、かつては有効だった施策は、やっても効果が薄いものになったからだ。

……もっとも、これらは「紙の単行本」「紙の雑誌」にこだわらなければいいのでは？　なぜこだわるのか？　という話である。ネットからおもしろいものが出てくるならそれで何の問題もないのでは？　という話でもある。

そう、それで何の問題もない――ということを、本書は示していく。

古い勢力から見れば危機だが、新しい勢力から見れば、これはチャンスなのだ。

いや、古い勢力も、機能しなくなった旧来のやりかたを捨て、新人の発掘と育成をきっぱりあきらめ新しい勢力と手を組めば、延命をはかることはできるのだ。

ウェブ小説の書き手の多くは紙の単行本を出版することへの憧れがあり、ファンも紙の本が出ると喜んでくれる。出版社がそれを利用しない手はない。

次章では、紙の雑誌メディアを代替する、ウェブ小説プラットフォームを紹介しよう。「小説家になろう」と「E★エブリスタ」の概要と、その書籍化の代表的な版元の事例を。

なお、本書ではウェブプラットフォームおよびプラットフォームビジネス一般のセオリーについては扱わない。それらについては尾原和啓『ザ・プラットフォーム』、出井伸之編著『角川インターネット講座＝進化するプラットフォーム』、川上慎市郎・山口義宏『プラットフォーム・ブランディング』などのすぐれた解説書を参照されたい。

第二部
概論——ウェブ小説投稿プラットフォームとその書籍化

2　小説家になろう

ウェブ小説の投稿・閲覧プラットフォーム「小説家になろう」は、月間一〇億PV以上、ユニークユーザーは四〇〇〇万人以上を誇る驚異のサイトである（図3）。作家登録者は六八万人を超え、投稿作品数は三六万以上。ユーザーの男女比は六対四。

「なろう」に匹敵するほど影響力を持った紙の小説雑誌は、いまの日本には存在しない。どころか、日本の文芸史上ひとつもないかもしれない。

「なろう」を運営するのは、京都うまれの株式会社ヒナプロジェクト。代表の梅崎祐輔氏が学生だった二〇〇四年にサービスを開始、二〇〇九年に大幅リニューアルし、二〇一〇年に法人化を果たした。

人気に火がついたのは二〇一一年、同サイトに掲載されていた佐島勤『魔法科高校の劣等生』がアスキー・メディアワークス電撃文庫から刊行されてからである。

このヒット以降、「なろう」掲載作品の書籍化の動きも加速化した。主に四六判やB６判ソフトカバー、ライトノベル文庫で刊行されているこのジャンルは、ノベルスや文芸のハードカ

図3　「小説家になろう」トップページ（http://syosetu.com/）

バーの棚を奪い、書店での存在感を増している。

とくればユーザーは一〇代向けライトノベルの読者や作家志望と重なっているかと思いきや、そうとは限らない。作家登録者が書ける日記ページでは、既存のライトノベルの話はそれほど目立っていない（いなかった）。こうしたウェブ小説に惹かれる書き手や読み手には、かつてラノベを読んでいた三〇代、四〇代が少なくない。年を取り、一〇代とは感覚の乖離が大きくなり、ラノベ棚から遠ざかる。そんな人たちが「本当はこういうものが読みたい」という想いから同世代向けにネットで小説を書き、それらが書籍化されて文芸棚に収まると「これが欲しかった」と購入する人が、意外なほど多かった。

投稿・閲覧プラットフォームを立ちあげるのは簡単だが、重要なのは運営力である。たとえば、作品を〝自由に〟投稿できると言っても、二次創作をはじめとする権利問題、わいせつ表現に関する法規などは無視できない。それらへの対応を、ユーザーとの信頼関係を崩さぬよう迅速に行っていく必要がある。もちろん、基本的な投稿・閲覧機能の使いやすさでも他のサービスと差がつく。「なろう」は個人サイトや掲示板型の小説投稿サイトよりも書きやすく、見やすく、好みに合った作品を探しやすくするようアップデートを続けてきたからこそ、先行するサイトよりも多くの利用者を集めるに至った。ネットサービスの提供経験の蓄積がモノを言う世界であるため、同社は、後発の参入者に対する脅威は感じていないという。

コンテンツビジネスと言えば、作品を有料で販売するモデルを出版社の人間は考えがちである。だが、同社の発想は異なる。同社の収益源は、ほとんどが広告収入。サイトのユーザーから課金するつもりはないと公言している。「なろう」はスマートフォン、フィーチャーフォン、PCいずれにも対応し、すべての機能が無料で利用できる。筆者が取材した際には代表の梅崎氏が「営利優先ではなく半分ボランティアだと思ってやっている」と冗談めかして語ったほどに、同社は徹底したユーザー志向を貫いている。

同社はあくまでウェブサービスを展開する会社であり、版元になるつもりはない。また、書籍化の許諾は特定の出版社とだけ行うのではなく、依頼のあったほぼすべての版元に対して門戸を開いている。現在ではカドカワ（エンターブレイン、メディアファクトリー、富士見書房）、主婦の友社、フロンティアワークス、双葉社、マイクロマガジン社などから「なろう」発の書籍が刊行されている。

「なろう」書籍化版元の事例

たとえば主婦の友社ヒーロー文庫は、二〇一二年の創刊以来、しばらくのあいだ重版率一〇〇%を誇っていた。初年度には初版は最低三万部、なかには六万部スタートのタイトルもあったにもかかわらず、である。読者層は二〇代～三〇代男性がメイン、発売後一週間の消化率は「とらのあな」や「アニメイト」などのオタク専門店では九割以上、一般書店でも七割以上を達成していた。

もちろんこれには作品が持つ力のみならず、版元の力もあってこそである。

同社はかつて、電撃文庫の立ちあげ期にメディアワークス（現・アスキー・メディアワークス）と提携しており、そのとき培った営業ノウハウを投入したことも大きい。たとえば、人気の本は書店が発注しても満数入荷されないことはざらだが、同レーベルでは極力対応しているほか、特約店制度を導入し、指定配本（書店からオーダーがあった分を版元からきちんと配本する制度。逆に言えば、通常はオーダーがあっても満数出荷するとは限らないのが現状の書籍流通である）に応えている。

「ウェブで無料で読めるのに、なぜお金を出して紙の本を買うのか？」と思うひとは、「なぜ無料で観られ、ハードディスクに保存したりＤＶＤに焼くことも簡単にできるＴＶアニメのＤ

VDやBlu-rayをひとは買うのか?」を考えたほうがいい。ひとは、好きになったものに対してお金を払うことを惜しまない。それに、ウェブで読むこととパッケージメディアになった物を手に入れることは、別の体験である。「無料のウェブに代替されて有料の本は終わる」などという単純な話ではない。

またたとえば、二〇一四年五月末に「GCノベルズ」を始動させたマイクロマガジン社は、創刊ラインナップの『転生したらスライムだった件』(ゼネコンに勤めるサラリーマンの主人公が事故死して目覚めると、ファンタジー世界でスライムになっていたという異色作)が刊行二カ月で三刷二万五〇〇〇部と好調なすべりだしにはじまり、ほかのシリーズも多くが重版している。GCは「主人公がスライム」「読者に『主人公が気持ち悪い』」などと評される変わり種を積極的に選び、カドカワやアルファポリス、ヒーロー文庫よりもニッチなところを狙うレーベルである。

つまり、『魔法科』書籍化から五年あまりのうちに、有名どころのメジャー作品ならこの版元、ニッチな路線はここ、という棲み分けができるくらいにこぞって参入した、ということなのだ。

いまでは有名作品はあらかたどこかの版元から声がかかってしまい、投稿作品に多少人気が出るとすぐに青田買いされるような状況になっている。

長らく「なろう」の累計ランキング(期間を「四半期」や「年間」などと限定しないランキング)で不動の一位を誇った理不尽な孫の手『無職転生』は、現在ではメディアファクトリーM

Ｆブックスから刊行されているが、刊行前には著者に対して、なんと一一社から書籍化のオファーがあったという。

近年では各社、「なろう」上で版元が行う新人賞／コンテストなども使っていかにして作品を確保するか、有名「なろう」作家に新作を書いてもらい、いかに書籍化権を確保するかが課題となっている（また、有名作品を書いた作家でも次の作品は話題にならないこともよくあり、キャラクターにファンはつくが「作家買い」が起きにくいジャンルであることが作家および出版社を悩ませてもいる）。

ちなみに書籍化の動きは、男性向け小説に留まらない。

ウェブ小説およびその書籍化は、女性向けも活況を呈している。

その代表的な版元に、アルファポリスがある。同社は早くから「なろう」や同じく小説投稿プラットフォームである掲示板「Arcadia」などに掲載された作品を書籍化してきた先駆者であり、同名のウェブ小説投稿&作家・作品登録プラットフォームも運営。アルファは『レイン』や『ゲート』、『Re:Monster』をはじめ、男性ファンが多い作品も多数刊行しているが、女性向けでもファンタジーレーベル〝レジーナブックス〟、大人の恋愛を扱う〝エタニティブックス〟、いわゆるＴＬ（ティーンズラブ、女性向け官能小説）の〝ノーチェ〟といったレーベルを擁している。

また、二〇〇一年創刊の角川ビーンズ文庫は、紙発のライトノベルとして『少年陰陽師』『彩雲国物語』『まるマ』シリーズといったヒット作を送り出してきたが、近年では、ｉａ名義でネットで活動していた糸森環や、「なろう」に投稿されている女性向け作品を書籍化している。ビーンズの女性向けウェブ小説の読者は二〇代以上だという。

ほかにも、ゲームやグッズ、ドラマCDの制作やBL小説などを手がけるフロンティアワークスは、日々の生活に活力を与える〝読むサプリ〟をコンセプトに、女性が活躍する女性向けファンタジー「アリアンローズ」を展開（同社はメディアファクトリーと共同レーベルというかたちで男性向けの「MFブックス」も手がけている）。二〇〇〇年代のラノベの表紙の主流は、白バックにメインキャラクターがひとりだけとか、女性向けなら男女のペアだったが、アリアンローズの表紙は人数が多めで、シチュエーションが想像しやすいもの、パッと見で雰囲気が感じとれるものになっているのも特徴である。フロンティアが手がけるウェブ小説の書籍は、平積みされると消化率が高い。創刊前には編集スタッフが全国の書店に足繁く通い、想定顧客である三〇代～四〇代がどんな棚で何を買うのかを見てまわり、書店の「文芸」棚へ配本されるように、四六判ソフトカバーでの刊行を決めている。創刊後の実績も、読者は三〇代を中心に、三〇代後半から四〇代までが多く、学生向けのラノベやコミックのユーザーとは重なっていない。また「女性向け」と言っても、BLの読者とも異なる（BLのユーザーはBLしか買わず、ラノベや文芸とあわせて買うことが少ない）。ウェブ小説を書籍化したものは、男女ともに「ライトノベル」ではなく「一般文芸」を代替している――「一般文芸」の読者がウェブ小説を書籍化した本を買っているのである。

二〇一四年以降は、書店や取次の文芸書単行本売上ランキングベストを見ると、もはや半分ほどがウェブ小説の書籍化作品で占められていることも少なくない。ウェブ小説は、「ひとびとが小説に求めている」と出版社の人間や既成のプロ作家、文芸批評家が信じてきたものと、リアルな読者の欲望とに大きなズレがあったことを示している。なぜならウェブ小説の書き手の大半はプロが選考する小説新人賞を突破したわけではないからだ。

双葉社は「なろう」書籍化レーベルであるモンスター文庫を創刊するさい（このレーベル名は、競合である主婦の友社ヒーロー文庫に対抗してつけられたそうだ）、「映像化をしかけていく」と明言していた。先んじてアニメ化された『ログ・ホライズン』や『魔法科高校の劣等生』に続き、アニメ化作品は着実に増えている。それによってさらにこのジャンルの認知度が上昇し、マーケットも拡大することは間違いない。電撃文庫やスニーカー文庫から発売されるライトノベルが、『灼眼のシャナ』や『涼宮ハルヒの憂鬱』『僕は友達が少ない』などを次々にアニメ化したことで二〇〇四年から二〇一二年まで市場を拡大させてきたことを思えば、「なろう」系の勢力拡大も、二〇一〇年代いっぱいは続くはずだ。

次の章はもうひとつの雄「E★エブリスタ」を概説しよう。

3　E★エブリスタ

（株）エブリスタは、DeNAとdocomoが共同出資して二〇一〇年四月に設立したベンチャー企業である。

同社が運営する小説とコミックの閲覧・投稿プラットフォーム「E★エブリスタ」では、日次のユニークユーザー一〇〇〇万人、毎日一万人以上の人が作品を投稿している（図4）。

たとえばそこから生まれた漫画「偽コイ同盟。」（原作／榊あおい、作画／アヤノ）はAppStoreなどでアプリとして配信したところ、五〇万ダウンロード以上を達成。人気作家の新作やヒット作のコミカライズが月額二一〇円で読み放題になる有料会員が収益を支え、設立から一年半で単月での黒字化を果たした。

さらに作品ごとの従量課金モデルを導入。クリエイターが作品を販売するプラットフォームとしても高い収益性が見込めるものをめざしてきた。

サービス自体のプロモーション施策としては、docomoが運営するポータルサイトに、「E★エブリスタ」へ誘導するボタンを置いているほか、ドコモショップ店頭でも携帯電話の契約時にサービス利用を薦めていた。「E★エブリスタ」への投稿作品は、ソーシャルゲームのプラットフォーム「Mobage」やdocomoが運営する「dクリエイターズ」でも閲覧できる。

ユーザーのボリュームゾーンは二〇代。次いで一〇代と三〇代が同じくらいだという。男女比は四五対五五ていど。また、かつての「ケータイ小説」ほど読者の郊外比率は高くなく、都市部の人間はそこまで多くない。2ちゃんねるやニコニコ動画のユーザーよりはデジタルに強くない、ライトな「一般人」が、典型的な顧客像だ。女性は恋愛ものを、男性はやや過激な作品を好む傾向にある。

図4　「E★エブリスタ」トップページ（http://estar.jp/.pc/）

「E★エブリスタ」の人気作品は、ふだん小説を読まず、まして書いてみようと考えたこともない層にもリーチ。双葉社刊の『王様ゲーム』（金沢伸明）をはじめ各社が書籍化、ベストセラーになったものもある。人気作品の読者が「自分でも書けるかも」と感じて創作者になり、次の人気作品を生むというサイクルができている。

だがエブリスタもヒナプロジェクト同様に、紙の版元になるつもりはない。むしろ同社はスマートフォン向けの小説やコミックなど、最終的なアウトプットが紙であることを前提としないデジタルコンテンツに力を入れている。

「エブリスタ」書籍化版元の動き
――対照的なようで実は共通する双葉社と角川文庫の試み

「エブリスタ」作品を書籍化する版元のひとつに、双葉社がある。

双葉社の宮澤震氏は、Yoshiや『恋空』に代表される、いわゆるケータイ小説とそのコミカライズを仕掛けてきた編集者でもある。『恋空』のコミックスは全一〇巻で四〇〇万部を突破する大ヒット作となった。

ケータイ小説ブームが落ち着いてきたころ、「他にいい作品はないか」と模索しているなか、小説投稿プラットフォーム「モバゲータウン」にあった『王様ゲーム』と出会う。

ある高校のクラス全員に届いた「王様」からの命令メール。従わない者は次々に凄惨な死を遂げ、生き残った者は不安と疑心暗鬼から追い詰められていくという、サバイバルホラーである。死の恐怖に晒された高校生たちの醜い感情の噴出や、ぎょっとするような暴力が描かれることから、読者は『バトル・ロワイアル』や『リアル鬼ごっこ』とよく比較をしていた。

ケータイ小説の多くは書籍化する際、双葉社では、ウェブ上での表示に近い、横書きのまま刊行していた。だが、『王様ゲーム』は縦書きにし、書店では一般文芸の棚に並ぶようなつくりで刊行。営業と相談し、山田悠介の隣に置かれるように、という戦略を立てた。この「ふだん本を読まない一〇代男女」を狙った戦略は的中。『王様ゲーム』は単行本と文庫、コミックスを合わせて六九〇万部以上にまで成長、映画化もされた。サイトを入り口に作品を知った人が書店やコンビニで紙の小説やマンガを購入し、逆に紙から入った人が続きを読むためにウェブにアクセスする――そんな好循環が生まれた同作は、毎日新聞社による学校読書調査でも中高生が読んだ本のベスト5に、何年もランクインを続けている。

双葉社はその後も、モバゲータウンの流れを汲むウェブ小説プラットフォーム「E★エブリスタ」の人気作品の書籍化、コミカライズを手がけている。『奴隷区』はコミカライズが一巻目にして一五万部を突破、さらには『復讐教室』など、『王様ゲーム』に続く作品も現れた。メインの読者層は中高生男女。必ずしもネットで読んでいた層が書籍やマンガを買っているのではないという。ウェブで読める小説だが、Amazonや楽天のようなネット書店では売れないことが、この系統の作品の特徴である。つまり、クレジットカードを持っていない人たちが読者なのだ。むしろコンビニでよく売れ、また、原作の小説よりマンガ版の方が売れる。

いわゆる「本読み」でも「オタク」でもない人たち向けの小説は、山田悠介を除けば少ないのだ、と宮澤氏は語っていた。山田悠介は自費出版から生まれたヒット作家であり、しかし多くのウェブ小説同様に文壇からは黙殺され、小説読みや文芸評論家からはバカにされている。ウェブ小説書籍化がヒットを連発している現象は、山田悠介のような存在がウェブの力を借りて多数発見されたということを意味する。彼らは第二、第三の山田悠介なのである。

そうしたライトな読者層に向けて書籍化する作品を選ぶ基準は「わかりやすくて、エグいもの」だと宮澤氏は言う。大人向けの本格ミステリーなどでは、既存の紙発の作家にはかなわない。だから、その人たちは絶対に書かないが、しかし本を読まない中高生は食いつきそうなものを狙う。『王様ゲーム』の著者・金沢氏に取材したさい、彼は「グロテスクなものって気になって見ちゃうんですよね、人は」と言っていた。

ちなみに金沢氏は同作の執筆を始めるまで、ほとんど小説を読んだことがなかった。しかし作品をウェブにアップし始めた当初から凄まじい反響があり、設定の矛盾の指摘があれば連載を遡って修正し、「アップしたら五分で来る」という読者からの感想や意見を元に執筆作法をマスターしていったのである。つまり小説投稿・閲覧プラットフォームとは、素人の書き手が多数の読者に指摘を受けることで、編集者なしでも作家として鍛錬できてしまう場でもある。

そうして完成した『王様ゲーム』の文体は、ウェブにふさわしい執筆テクニックが駆使されている。展開が早くないと読者が飽きてしまうため、インパクト重視の出来事を連続させ、文章は極力圧縮。短文でも受け手に残るメッセージを込めた言葉を選び、続きが読みたくなるように「引き」を毎回作ることで、読者を惹きつける。

しかし『王様ゲーム』は書籍化する際には、紙の本の読者が求める描写の密度に加筆修正を行ってもいる。メディアによってコンテンツの見せ方を調整しているのも、同作の人気の一因だろう。

双葉社は「エブリスタ」以外にも「なろう」系を刊行する「モンスター文庫」やcomicoと

組んだ「comico BOOKS」など、ウェブコンテンツの書籍化に積極的に動いている。このジャンルのキープレイヤーのひとつである。

『王様ゲーム』と一見対照的なのが、『櫻子さんの足下には死体が埋まっている』だ。二〇一二年にE★エブリスタ電子書籍大賞ミステリー部門（角川書店）優秀賞を受賞した太田紫織『櫻子さんの足下には死体が埋まっている』は角川文庫で刊行され、シリーズ累計一〇〇万部以上を突破。イラスト付きの装丁だが読者の大半は四〇代女性、次いで二〇代男性である。やはりライトノベルとはほとんど併読されていない。

ウェブ小説ではファンタジーやホラー、恋愛ものが主流である。書籍化されたものを見渡しても、ミステリー作品のヒットは珍しい。この作品は、実はもともと「エブリスタ」では人気がなかった。ネットで人気のものを紙で出すのがウェブ小説書籍化の基本だが、同作は違った。『ビブリア古書堂の事件手帖』や『珈琲店タレーランの事件簿』のヒットを受け、角川書店（当時、現カドカワ）が「キャラクター文芸」の部署を発足させたのは二〇一一年。同編集部が〝大人向けだがキャラクターが立っているシリーズもの小説〟を模索していたところ、「エブリスタ」と組んで行った新人賞で『櫻子さん』と出会い、刊行が決まったのである。

角川が行った選考では、ネット上の人気は度外視。角川文庫のラインナップに入ったときに長く支持されるかどうかを重視した。

「エブリスタ」の人気投稿者の多くは、スマホで閲覧するユーザーのことを考えて一ページあたりの文字数を四〇〇~五〇〇字程度にし、少ない分量だが高頻度で更新するスタイルを取っている。だが、『櫻子』は逆張りだった。海外ミステリの影響を受けた文体は、他のスマホ小説よりも描写の密度が濃く、ひととおり書き上げてから一気に投稿されたものだった。また、著者は読者の反応も基本的には見ず、作品にフィードバックさせることも多くはないという。「「エブリスタ」という場よりも賞を意識していた」と著者は語っている。ウェブ小説家というより従来の作家に近い作風と佇まいであり、それが角川文庫というアウトプット先とフィットしたのだろう。

カドカワのキャラクター文芸部門は、自社の他の小説新人賞と電子書籍大賞のいずれででも「本として魅力的になりうるものが見つかれば選んでいく」というスタンスのようだ。

ではわざわざネット上のプラットフォーマーと組んで新人賞を行うメリットは何か?

太田氏は、同賞が初めて投稿した小説新人賞であり、他の新人賞ではデビューすることは無理だったと思う、と語っている。あるいは既存の小説新人賞には投稿すらしなかった――翻って、発掘できなかった可能性もある。

とすれば才能を見つけるための入り口は、多いに越したことはない。

ウェブ小説書籍化でヒットする本には二パターンある。「ウェブでも人気で、紙でも人気になるもの」と「(紙向きの密度とテイストで書いているがゆえに)ウェブでは人気は出ないが、紙では人気が出るもの」である。後者をウェブから発掘する、ということを行ったのが『櫻子』の場合だった。

ウェブ小説は書籍化されるさい、加筆修正されることが一般的である。「なろう」系でも「エブリスタ」発でも、その点は変わらない。ディスプレイ上と紙の本では、ちょうどいいと感じる文章の密度は違う。

さらに言えば、同じ紙の小説であっても、ラノベレーベルから出た場合と、一般文芸として出た場合では、読者が作品に期待するものは変わってくる。どのレーベルから、どんな装丁で、どんな人たち向けに出て、書店のどの棚に並ぶのか。こうした最終的なアウトプットのイメージ、本が流通する場所がどこで、そこに来るひとは何を求めているのかまで思い至った編集者がいたからこそ、『櫻子』は成功したのだろう。

出版社がウェブ小説のプラットフォームを利用した新人賞を行うさいには、ウェブ小説書籍化でこれまでよく選ばれてきたラノベやケータイ小説の文庫、四六判ソフトカバーという形態ではなく、角川文庫のようなオーセンティックなレーベルで刊行される（＝その読者に読まれる）ことを前提に作品を選ぶ方法もある。

ウェブ上での人気の大きさや作風は大きく異なるが、『王様ゲーム』も『櫻子』も、「本として売る」という版元がなすべきことを徹底している点は同じである。

ウェブ小説書籍化を行う編集者の役割は、たんにウェブで人気のものに片っ端からアタックすることではない。本として書店に並んだときに売れる作品を見つけ、本としてふさわしいものに改稿してもらうことである。

出版社は「ゼロから才能を発掘する」作業は小説投稿プラットフォームにアウトソースした。だが原石を見つけて書籍のかたちに磨き上げ、付加価値を付けて売ることに関しては、まだまだやるべきことがある。ウェブ小説の書き手も読み手も、紙の本にステイタスと「モノ」としての魅力を求めている。であれば、ウェブと本とで役割を分担し、それぞれが最適化すればいいのだ。

ここまでで、「なろう」や「エブリスタ」とその書籍化をめぐる状況はおおよそ説明できたと思う。

次は、「なぜウェブ小説プラットフォームは支持されるのか?」について、書き手から見た場合の魅力と、読者から見た場合の魅力をそれぞれ見ていきたい。

第三部

なぜウェブ小説プラットフォームは支持されるのか？

4　なぜウェブ小説投稿プラットフォームには莫大な数の書き手が集まるのか？

プラットフォーマーや版元があるだけでは、小説はなりたたない。すぐれた書き手があらわれ、育ち、あらたな作品が生み出される――書き手が「書きたい」と思う環境がなければならない。

書き手から見て、ウェブ小説の大手投稿プラットフォームが既成の小説新人賞よりも魅力的な点をあげてみよう。

長さが無制限――書籍の一巻分のサイズに縛られずに物語を展開できる

筆者は、橙乃ままれ氏に取材したことがある。

2ちゃんねるに投稿された『まおゆう』書籍版が累計八〇万部、「小説家になろう」に連載された『ログ・ホライズン』書籍版が累計一〇〇万部、ともにアニメ化もされた人気作品を執筆した作家である。

橙乃氏は、創作経験はあったものの小説新人賞へ応募したことはなかった。『まおゆう』書籍版を何冊か出すまでは、プロの作家になろうと思ったことすらなかったという。しかしウェブに作品を投稿して人気に火が付いたことをきっかけに、専業作家として活動している。

彼は『まおゆう』も『ログホラ』も、電撃文庫をはじめとする既存のライトノベルの新人賞では通らなかっただろう、と言っていた。彼が書きたかったものは「一〇代向け」であることを求められてきた従来のラノベのフォーマットからは外れた作風だったからである。

また、長い話を書きたかった、文庫一冊でまとまるような話は書けなかった、とも言っていた。

ウェブ上に載せる小説には、長さの上限がない。だから小説新人賞での規定に収まらないような超長大な話が好きな作家は、ウェブに吸い寄せられていったのである。

書籍のサイズに縛られない、ということは、作品の長さだけを意味しない。

たとえば起承転結の「承」が延々続いていったとしても、それが魅力的であれば、ウェブでは許される。「本一冊分にまとめなければいけない」という圧力が発生しないからだ。

つまり、オチから逆算して書くのは苦手（話をきれいにまとめるのは苦手）だけれど「引き」に次ぐ「引き」で読ませるような連載形式に向いている作家も、日の目を見ることができるようになったのだ。

作家と読者が近い距離の中で「流行りのもの」を題材に遊べる

「なろう」はよく「異世界転生もの」のファンタジーばかりが流行っている、と揶揄されている(たとえばドワンゴの川上量生は、ほぼすべての著作で「なろう」系をくさし、ジブリ作品を持ち上げるという論を展開している)。

しかし、ジャンル小説の楽しみとは、ある種のフォーマット(テンプレ)を前提に、差分を味わうようなものである。たとえばミステリならばトリックや密室、首無し死体のようなガジェットを、SFならばタイムパラドックスやファーストコンタクト、シンギュラリティなどのバリエーションを無数に蓄積してきた。そうした「ジャンル小説」の運動が、ウェブ小説でも起こっているだけなのである。それを「似たようなものばかりが流行っている」と断り捨てるのは、たんに野暮である。エンターテインメントのおもしろがり方がわかっていない。あるいは、自分の趣味嗜好と合わないものを拒絶しているだけである(もちろん、誰しも好き嫌いはあり、嫌いなものを見る必要はない)。

橙乃氏は、たくさんの書き手が「異世界+○○」というバリエーションを無数に作り出していくなかでパターンが洗練されていき、お互いが読者でもあるために、作家同士の交流が直接的になくても、ライバル心や連帯感が自然に宿る、とも言っていた。

ウェブでは書き手と読者との距離が近く、反応が早い。つまり、作品を通じた「近くて早い」コミュニケーションのなかで「コミュニティ」ができ、うまくいけば、成功した作品は「僕らの作品」として共感をもって迎えてもらうことができる。紙の小説誌では失われた、読者と作家のあいだのダイナミズムや熱量が、ウェブ小説には存在している。それも、書き手を呼び寄せる理由のひとつである。

タグとランキングによるSTPの最適化——思い込みを排除する定量化とマッチングサービス

橙乃氏は「自分が書きたいものは中高生向けラノベのフォーマットからは外れていた」と語っていたが、そうしたいわゆるカテゴリエラーの作品は、どれだけ商業的な価値があっても既成の小説新人賞では拾われなかった。そのレーベルやジャンルの想定読者が喜びそうもない作品はハネられざるをえなかったのである。「まったく異なる層の読者に見せたら食いつくかもしれない」と思われるものであっても、その賞の選考においてはどうしようもなかった。純文学の賞にラノベを送ってもダメだし、今のラノベの賞にふた昔前のノリのラノベやハードボイルドミステリを送ってもダメなのである。そういう、非効率性がある。

小説でも、自分の作品の読者像を設定し、想定読者を絞る、というマーケティングは必要になる。だが現実的にはそれをやろうとする作家は少ない。いや、技術的にできる作家は、プロにも多くはいない。

編集者だって、大半はあやしいものだ。一般文芸の編集者には「とりあえず作家から原稿が上がってきてから、どういうひとに向けてパッケージングするか考える」というタイプが少なからずいる。作品ができてから売り方を考えるやり方が、まかりとおっている。

このやりかたの問題点は、
①誰向けの作品なのかがぼやけていて、誰にも届かない作品になってしまう可能性がある
②ある特定層には響く作品として仕上がっていたにもかかわらず、売り方を間違って届けるべき層に届かずショボい売上に終わる可能性がある
ことだ。

しかし、テクノロジーを使えば、少なくとも②のリスクは下げられる（①の場合は、どうしようもない）。書いたあとで、それを欲しいと思うひとに届けやすくするしくみのひとつが、作家や読者がつけることができる「タグ」である。

「なろう」に限らず、ウェブサービスでは、ユーザーがタグづけすることによって検索効率を上げ、誰向けのどんな作品なのかを触れる以前にわかりやすくする仕様になっている。「なろう」でも、ニコニコ動画でも、pixivでもE★エブリスタでもクックパッドでもいい。そのプラットフォーム内で流通する独自用語をユーザーたちが自主的に用いて（一例が知りたければニコニコ大百科やピクシブ百科事典を見てほしい）、作品を整理・分類・評価し、発見させやすくしている。機械学習／ディープ・ラーニングの技術が進めば、将来的にはこうしたレコメンド

機能は自動化され、さらに洗練されていくだろう。

タグと検索機能、レコメンド機能が充実すれば、作家ひとりひとりにいわゆるＳＴＰを切る力がなくてもよくなる。

ＳＴＰとは何か。

想定ユーザーにどんなひとたちがいるのかを分類し（セグメンテーション）、自分の作品の想定ターゲットとなる読者を定め（ターゲティング）、そのひとたちに向けて既存作品と差別化をはかりつつどういう立ち位置の作品なのかを示す（ポジショニング）、このプロセスである。

ウェブ上でユーザー同士が作品にタグづけし、どんな内容で誰向けっぽいのかを分類してくれれば、あるいはアルゴリズムが自動的にやってくれれば、書き手に適切なマーケティング能力がなくても、ユーザーから見つけてもらえる可能性は上がる。

ユーザーは、タグやジャンル分け、アクセスランキングを見て読むかどうかを判断する。

そしてその情報が、プラットフォーム内にさらに蓄積される。

すでに多くのプラットフォームでは、この作品は、どんな属性（年齢・性別・アクセス端末はＰＣかスマホか、など）のユーザーが、どれくらいアクセスしたのか。それが書き手にわかるような仕様になっている。

ウェブ上では、カテエラ（カテゴリエラー）がアナログ（紙の小説新人賞）の世界よりも少なくなる。届くべきひとに届くように効率化される。

もちろん、そうは言ってもプラットフォームごとにどんな作品が人気になるのかはまったく異なる。

小説投稿プラットフォームでも「なろう」と「エブリスタ」では流行っているものが違う（ユーザーの母集団が違うからだ）。橙乃氏も、「なろう」の作家には自分と年の近い三〇代後半から四〇代の塊があり、であれば、その世代の人たちが書きたい&読みたいタイプの小説がうけるはずだと見込んだ、と語っていた。特定のプラットフォームは、特定の属性の人間が集まりやすい。建前は「フラットで万人に開かれたサービス」であっても、内実がそうなっているサイトは少ない。

ただ、いずれのプラットフォームも、仕様上・原理上は、タグとランキングでどんな人に対しても最適化されるようにがんばっている。

アルファポリスは、版元であり小説投稿プラットフォームを持つと同時に、こうしたタグ（とユーザーの年齢・性別といった属性に関する情報）を駆使してウェブ上に投稿された作品を紹介・レコメンド・ランク付けするウェブサービスを展開する企業でもある（図5）。

簡単に言えば、これはO-netのような結婚情報サービスと本質は同じである。

作品の書き手と読み手を結びつけるマッチング機能を提供しているからだ。

一方には「こんな作品を書いたので、こういうものが好きな人に読んでほしい」と思っている書き手がいる。

もう一方には「こういうものが読みたい」と思っている読者がいる。

それをつなぐために、タグやデータ解析を使い、マッチしやすくする。

こうした交通整理は、紙では精度が低い。書評家によるレビューや書店員がポップを作ったところで、限界がある。紙の世界でのレコメンドは、むかしながらにある町の結婚相談所や、田舎にいる「お見合いババア」ていどのことしかできない。

アルファがやっているのは、データドリブンな、精度の高いウェブでの出会いの場の提供である。

図5「アルファポリス」トップページ（http://www.alphapolis.co.jp/）

同社の書籍刊行物に売上的にハズレが少ないのはなぜか。こうしたウェブサービスを運用することで得た「この作品はどれくらい人気があって、どんな年代のどんな人に支持されているのか」という知見を生かしているからだ。試行錯誤を蓄積し、「紙で出してもこういうタイプのものは売れない」「紙で出すならこういうアレンジが必要」という実践知をもとに書籍をつくっているからだ。

具体的には、アルファが手がける女性向けの恋愛小説は、まず、ファンタジー系をレジーナブックス、現実世界を舞台にしたものをエタニティブックス、TLをノーチェとレーベルを分けている。くわえて、性描写の度合いによって表紙の右上部分のロゴマークの色が三つに分けられている。さらには想定読者の年齢別に表紙のテイスト（イラストの絵柄やデザイン）を変えている。

すでにウェブ上に掲載されていた段階で、どんな人たちに支持されているどんな作品なのか、がタグやアクセスランキングから明らかになっているからこそ、書店店頭でも同じような属性（年齢・性別・趣味嗜好・気分）の人に向けて細かく分けることが可能なのだ。

こうしたマッチング機能を備えることで、ウェブ小説の投稿プラットフォームは、書き手からすれば「読んでもらいやすい」「反応をもらいやすい」場所に映る。

せっかく書いたものが誰にも読んでもらえない、何のリアクションももらえないことは、さびしいものである。

しかしウェブ小説サイトは「ここにアップすれば、誰か読んでくれるかもしれない」という希望を書き手に与える。「紙の小説新人賞に送って受け入れられない作品でも、読んでもらえる」という希望も、である。

書いた小説を「評価」する人間が実際の読者そのものである点

さらに、既存の小説新人賞の問題点として、審査員と読者の価値観が違うことがあげられる。このせいで「本を出してみたけど売れなかった」ということがままある。

出版社が主催する小説新人賞では、お金を出して買って読もうか判断する顧客と、お金をもらって評価する偉い選考委員や編集者の判断軸が、必ずしも一致しない。

ふつう、新人賞の選考委員は「売上」のことを第一に考えて作品を選考しない。売れそうかどうか、ということよりも、そのレーベル、そのジャンルの新人として「評価」に値するかどうかが第一にある。編集者はまだしも、選考委員の多くはそうだ。仮に「売れそうかどうか」を判断したとしても、実際の読者の感覚とはズレている可能性もある。ゆえに大半の小説新人賞からデビューした作品が売れる打率は低い。

これはデビューしてしまった書き手にとっても、困った事態である。

なぜなら入り口は「権威による評価」（有名作家などから賞をもらう）であるにもかかわらず、デビューして以降は一貫して「売上」（市場原理によるマーケットからの評価）で作家としての価値が判断されるからだ（純文学を除く）。権威によってほめられた部分とは違うものが、デビューしてから求められる。理不尽なことだが、大半の小説新人賞はこの問題を放置し続けてきた。それなら権威による評価などないほうが、本来ならばデビューする新人にとっては幸福である（もっとも、人間は権威化、「お墨付き」を求める生き物である。だからこそ「賞」というしくみは成立し、プロから認められることを望み、有名な版元から本が出ることを喜ぶ書き手は絶えない――ゆえにウェブ全盛でも既成出版社にやりようがあるのだが）。売れるために必要なスキルがない状態で商業出版の世界に参入しても、その書き手は苦労するだけだ。

対してウェブ小説ではアクセス数や「お気に入り」数、コメント数をはじめ、実際の読者の動向が可視化されている。書籍化されるさいには、権威や目利きの評価のみならず、ウェブでの読者自体からの評価が多少なりとも加味されることが大半である。

たとえばアルファポリスは作家が自作を書籍化申請し、ユーザーから一定のポイントが得られた作品は編集部が書籍化を検討する、という制度も導入している。これも読者から支持が得られたものを選ぶ、というマーケットインな発想に基づく新人リクルーティングシステムだと言える。

まず無料の世界（ウェブ上）で、ランキングや投票数という名の企画のコンペ、というかユーザーに対してテストマーケティングが行われる。

そしてそこで「いける」という算段がついたものだけが、有料の世界（紙の書籍）に行く。

こういうウェブ小説書籍化のしくみと、出版社の会議室に数人が集まって賞を選考したり、勘に基づく企画会議によってジャッジされた本とでは、前者の方が確実に数字が仕上がるのは自明の理だ。

書き手からすれば、ブラックボックスに包まれた選考よりも、読者からの評価が数字で目に見え、どのくらい人気が出れば書籍化されそうか算段がつくほうが、目標を立てやすい。

書籍化されたウェブ小説で人気の作品は、既存の小説新人賞ではどこに送っても受賞できそうにもないものが少なくない。実際、ラノベ新人賞ではまったくダメだった、と公言するウェブ小説の書き手は多い。ここからも、出版業界人による作品評価＝「思い込み」があてにならないものだとわかる。

また、新人賞選考や出版社の編集会議は「集合知」ならぬ「集合愚」になりがちである。小説にしろ音楽にしろ、嗜好品は人によって好き嫌いがハッキリ分かれるくらい個性の強いものでないと、結局は誰にも刺さらない。「そこそこいい」ものは誰の記憶にも残らない。エンタメでは、ある人間は「すごい！」と言い、ある人間にはヘイトされるような尖ったもの、「人を選ぶ」ものにこそ価値がある。たとえば二〇〇〇年代のライトノベルは「中高生の、アニメなどのサブカルチャーが好きな男子」にターゲットを絞り、それ以外の人間には見向きもされないものに極端にしていった結果、その特定層からは熱烈な支持を受けるジャンルへと発展していった――万人向けを自称する「一般文芸」の衰退とは対照的に。しかし、賞の選考や編集会議では、激しい賛否両論、ある人間は強烈に誉め、ある人間は唾棄するタイプの作品は忌避され、「減点方式でいけば、まあ、これが無難かな」というものに大きな賞が与えられ、企画が通る。これが「集合愚」、日本的会議の愚である。尖ったところを丸め、嫌われないようにすることで、誰にも響かないものをつくることに貢献してきたのである。なぜウェブプラットフォーム上のランキングやポイントシステムが機能し、賞の選考や会議が機能しないか。前者は定量的であり、後者の多くは定性的だからである。嫌いな人間がどれほどいても、好きな人間の「数」が客観的に可視化されるほうが説得力がある。会議では往々にして声が大きい者、権力がある者の力が大きくなり、判断にくだらないバイアスがかかる。また、会議の場でコンフリクトが起きるような事案は（日本では）避けられがちである。だから賛否を巻き起こし、「人を選ぶ」タイプの尖った作品は落とされてしまう。

もっとも「数字の可視化」の弊害で「この作品、すごいアクセスあるし、出せば売れるだろ」的な短絡をしてしまうレーベルや編集者も現れている。誰にも響かないようなパッケージングや改稿がなされ、まったく売れないケースも発生している。LINEで実施された小説新人賞の受賞作を講談社が書籍化したLINEノベルが、典型的な失敗例である。誰向けなのかさっぱりわからない中途半端なラノベ風の装丁の四六判ソフトカバーで刊行。目も当てられないくらいすべった。ウェブではどういうひとたちが読んでいるのか。それをどんな本にしてどこの棚に配本すれば、どんな人たちが求めるものになるのか。本として売り出すための戦略が整合していない商品が、顧客に届くはずがない。

ウェブ小説書籍化の版元／編集者のなかには、目下のランキングを気にせず、自分たちのユーザー感覚とレーベルカラーに合った作品に対して声をかけているところもある。

たとえばフロンティアワークスの女性向けレーベル「アリアンローズ」がそうだ。そもそも「なろう」において女性向け作品はランキング上位にあるものは少なく、また、その数少ないランキング上位作はあらかたオファーがなされているからである。フロンティアの編集者は自身も一ユーザーとして相当に作品を読み込んだ上で、読者と同じ目線で声をかけることを徹底している。

ウェブでは「数字が見える」からこそ数字が大きいコンテンツに版元が殺到し、取り合いになる。したがって、目下の数字からは見えない「これは伸びる」「これは書籍化したときに動く」「これはウェブでは人気があるが、紙では売れない」といったものを見抜く定性的な〝目利き〟スキルが、版元の編集者には必要になってきている。いまやウェブ小説書籍化をめぐる事態は、一周してそこまで進行しているのである。

話が書き手のことから版元の方へスライドしてしまったので、話を戻そう。

もちろん、いくらテクノロジーが進歩したところで、完璧な賞、完璧な出版社、完璧なプラットフォームなど存在しない。

ただ、相対的に見れば、出版社の賞や雑誌メディアが持つ欠点の多くを、ウェブ上の投稿・閲覧プラットフォームは解消しえていることは間違いない。

リーン・スタートアップ——仮説検証のサイクルを高速で回して学習することができる

もうひとつ、書き手にとって紙よりウェブの方がありがたかった点をあげておこう。

二〇一〇年代初頭に、ベンチャービジネス界隈で話題になった手法に「リーン・スタートアップ」というものがある。

アイデアを出す→プロダクトを構築する→製品をローンチする→反応を計測する→データを収集して分析する→学ぶ→次のアイデアに反映させる……

こうしたフィードバックのサイクルを高速で回す、ということだ。

計画を事前に入念に練ることに時間を割くよりも、とりあえずプロトタイプやβ版を出す。そしてその反応を見てカイゼンし、また反応を見て修正して……ということをグルグル回してブラッシュアップしていくやり方である。

ウェブ小説のプラットフォームでは、小説でさえ、こういう高速仮説検証が可能である。

たとえば、小説の企画（プロット）がA案B案C案と三つあった場合、どれがいいか？　そんなものは、やってみなければわからない。今までは、そのなかから編集者と作家が勘で決めていた。だが、今なら冒頭部分を三つとも書いてネットにアップすればいい。出してしまえば、それぞれアクセス数をはじめとする、読者からの反応がわかる。ウケなかったら、設定を変えて再リリースすることもできる（これはリーンというより「A／Bテスト」と呼ばれる、やはりウェブで用いられるマーケティング手法に近いが）。

紙の出版の世界では、冒頭だけ三パターン読者に見せてどれが人気か比べるという方法は、事実上不可能だった。書いている途中経過を見せて読者の反応を探ることも難しい。いや、できないわけではない。ただ、月刊小説誌でそれをやるには、時間がかかりすぎる。ウケるのかウケないのか。何がウケて、どこまで書くと読者が引いてしまうのか。それらがわかるまでに、大変な時間と労力がかかる。作品を企画して執筆して発表し、反応を見て、次にどうしようか考えるまでのリードタイムが長すぎる。

ウェブ上なら、それがすぐわかる。書いていて「マズイ、つじつまが合わない」と思った部分は遡って修正することもできる。どう直してもダメだとわかった作品は、途中でやめて違う作品にシフトすることも容易だ。

紙の世界よりも作家が打席に立てる回数も多いし、反応も早い。立った結果の成績を定量的に分析するツールも用意されている。それがウェブ小説のプラットフォームだ。

筆がそれなりに早く、他人から何を言われても大丈夫で学習意欲が高い人間ならば、人気作家として急成長できるような環境が整っている。

これらが、紙の小説メディア以上に、ウェブに書き手を引き寄せる理由である。

では読み手にとっての魅力はなんだろうか？　続けて考えていこう。

5　スマホファースト時代における顧客行動とそれに対応するウェブ小説メディア

なぜウェブ小説メディア／プラットフォームからコンスタントにヒット作が生まれるのか？

ポイントは「コンスタントに」というところにある。

「ブーム」と言われているものの大半は、実はみんながみんな売れているわけではない。たんにそのジャンルの作品リリース数が多い（店頭に並ぶ作品が多い）だけなことが、もっぱらである。かつての伝奇バイオレンスや新本格ミステリ、あるいは昨今の警察小説や時代小説、ラノベの文庫書き下ろしも、みなそうだ。

しかし、ウェブ小説の書籍化に関してはワケが違う。小説の単行本は初版二〇〇〇〜五〇〇〇部がザラである昨今の出版環境において、一万部、二万部、三万部売れる作品がゴロゴロしている。言いかえれば「打率が相対的に高い」。

これがこのジャンルの強みであり、各社が参入した理由である。

もちろん、「流行ってバブっている」側面もある。だが、それだけではない。売れる「しくみ」があるのだ。

それを見ていくためには、小説の受け手をとりまく環境の変化を確認し、ユーザーにとっての小説投稿プラットフォームの利点を理解する必要がある。

スマホ内で処理できる、数秒から十数分の「細切れ消費」が一般的になった時代

ひとびとがちょっとした空き時間や暇つぶしにまっさきに手にするものは、今や本や雑誌ではない。スマホである。

紙の雑誌を買う人間、持って歩く人間はめずらしい存在になった。

信号待ちから学校や仕事の休憩時間、通勤・通学タイムまで、スキマ時間にスマホで触れられるものを、ひとびとは求めている。

スマホ内で処理できる、数秒から十数分の「細切れ消費」が一般的になったのだ。

細切れ消費においては、

○その都度それなりに刺激を満たすこと

○続きが気になるように好奇心を煽られるものであること

これらを満たさないと、離脱される。

動画、SNS、ニュース、ゲーム、マンガ……そしてウェブ小説も、その選択肢に入っている。紙の小説は入らないが、ウェブ小説は入っている。これが重要である。

スキマ時間に細切れで触れてもそれなりに息抜きできたり、興奮が得られるもの。

これは言いかえるとどういうものか？

まず、筋が複雑な物語は覚えていられないので、向いていない。

盛り上がるまでに時間がかかるものも、向いていない。

作品タイトルとサムネイルの画像、五秒で読める簡単な作品説明のテキストを、パッと見た瞬間に「用途がわかる」、どんな気持ちにしてくれそうかがわかる作品がベターである。

多くの作家が、ウェブ小説と紙発の本のテンポのちがい、読者の嗜好を指摘している。

たとえば宝島社から刊行された『このWeb小説がすごい！』を見てみよう。

ヒロイックファンタジー『レイン』などの代表作を持つウェブ小説のベテランで、紙発のライトノベルも多数手がける吉野匠氏は、こう言っている。


――紙とネットで小説の書き方の違いは、感じますか。

吉野　ウェブのほうが、読み手が途中で投げてしまわないように工夫がされている気がします。ウェブ小説はドラマの『24』みたいなパターンが成功しやすいのかなと。紙の本はお金を払ってから読者が読むものですから、文体が微妙に違うんですよね。いったん買ってもらったら読み手はじっくり読んでくれるだろうという前提があるぶん、ゆら～っとしたテンポでも許されるところがある。
もちろん、書いている人間には、何をどう工夫しようと、読者が本当におもしろいと思ってくれるかどうかはわかりません。だけど書いているときに「おもしろく思ってもらえているかな？」と常に気にしながら書くと、違ってきますよね。

意訳すれば、紙の本はウェブ小説にくらべてテンポが遅い。じっくりしている、と言っているに等しい。スキマ時間に入ってきやすいものには、なっていない。

つまり、既存の紙の小説を電子書籍化したていどでは、この問題は解決されない。スキマ時間でもサクサク読めるウェブ小説のテンポのはやさに、紙発の小説は対抗しがたいのである。

また、細切れ消費の世界では、短時間で一本のサイクルが終わる（一作品が終わる、起承転結がひとつ終わる）ものが好ましくなる。

あるいは、しばらく経ったあとで戻ってきたときに、すぐに思い出せるようなものがいい。

しかし、短時間で満足しきってもう二度とアクセスしてくれなくなっては、送り手側としては困る。すると、読者にとって最適なかたちはどうなるか？

ハッタリ的なフリがあって興味を引く驚きのイベントが起こる。

そこで登場人物たちの激情が喚起され、急いで選択を迫られる。

そして決断してアクションを起こすと、なんと！

……というサイクルが短時間でまわり、繰り返されていく「引き」の連続！

こうした週刊マンガ的なやり方が、作品提供の望ましい方法論のひとつになる。

このようなコンテンツの変化は、のちに論じていくことにしよう。

少量でもいいから高頻度の更新を読者は望む

リテンション（告知）がなければないほど、受け手は離れていく。あればあるほど、その作品に触れることが習慣化する。惰性でもアクセスしてしまう。たとえばソーシャルゲームは、アクセスするごとにログインボーナスがもらえるものが大半である。また、二週間に一度ほどのペースで新イベントが実施され、飽きられないように新要素が投入されていく。これらは作品を継続利用してもらうために用意されている。

ウェブ小説ではユーザーにログインボーナスを与えるような施策や定期的なイベント開催は現状一般的ではない（一部のマンガアプリはソーシャルゲームのように、何かするとスタミナを消費し、時間が経つと回復するモデルを採用している）。代わりに、作家が高頻度に定期更新することによって「読者に続きを読みたくさせる」「リロードさせる／情報が更新されていないかチェックしたくなる」ことが常態化している。高頻度更新自体が、価値なのだ。

ひるがえって紙で出ている月刊小説誌の「月に一回」（または隔月、四半期に一回など）というスタイルは、今日では遅すぎる。なぜ時代が劇的に変化するなか、このペースなのか？　発行する側の版元や作家都合でそうなっているだけだ。顧客にとっては月に一回である必然性や、それによって得られる利益が何もない。

月刊小説誌のビジネスモデルは時代遅れだ。

対照的に、ウェブサービスを提供する会社が運営する、小説投稿・閲覧プラットフォームは、スマホファースト時代の小説の姿を示し、業績的にも躍進を続けている。ネット連載の小説を、電子媒体のみならず、紙で書籍化したときのヒット作を生み出すメディアとして機能させることに成功したのである。

スマホファースト時代のユーザーの嗜好に対応して、作品は変化する

こうした顧客行動の変化を受け、作品提供のかたちはどうなっている（どうなっていく）だろうか？　少しまとめてみよう。

①「週刊マンガ化」の進行――短いスパンでの「連載」の魔力＋読者との近い距離

フランク・ローズ『のめりこませる技術　誰が物語を操るのか』（フィルムアート社）から引用してみよう。

連載という形式は、必然的に物語の形式そのものをも変えることになった。ディケンズは

読者が来月号も読んでくれるように、毎回の連載を〝クリフハンガー〟的に締めくくって読者の期待をつないだ（中略）。さらに重要なのは、ディケンズが読者の反応を受けて即興で物語を展開させた、ということだ。（中略）話がモタついたときは、ディケンズは読者の反応に子細に目を通した。

（同書一三四～一三五頁）

後世の学者は、ディケンズ文学は作者と読者とのやりとりなしではあり得なかっただろうと考えている。（中略）しかしディケンズの時代には連載小説は広く容認されていたわけではなかった。文学ですら、ようやく上品な上流階級に受け入れられ始めた頃の話である。連載小説は、端的に言って、下世話であり過ぎた。私たちから見るとディケンズは今や失われる危機に瀕している文化を象徴する文学的巨星であるが、当時の上流階級から見たディケンズは得体の知れない新しくて恐ろしいものの象徴に他ならなかった。

（同書一三六頁）

一八三〇年代のイギリスでは連載小説が流行し、チャールズ・ディケンズはその形式を利用して人気小説家となった。今日でも、海外ドラマや「週刊少年ジャンプ」の掲載作品では、引きに次ぐ引きで「え、どうなっちゃうの？」という終わり方をして「以下、次回！」という中毒性を高める手法を用いている。

ディケンズスタイルの復権と主流化が、スマホファースト時代になって進行している。ディケンズのようなことを「エブリスタ」や「なろう」の作家も行っているのだ。「エブリスタ」

や「なろう」の人気作品は毎日更新とか毎週更新といったかたちで作家が自ら宣言し、定期的に続きが書かれ、やはり「引き」で「以下、次回」パターンでつないでいく。

さらには、読者が感想やコメントをつけることも可能である。作家がエゴサーチして作品の感想を作家が拾うことも容易だ。つまり書き手は読者からの素早い反応をうかがいつつ、その予想を良い意味で裏切るような展開を考えて書いていける。

ウェブ小説には作家と読者の直接的なコミュニケーションが生む緊張感がある。「続きが気になってしょうがない」という飢餓状態を発生させる「引き」のテクニックもある。

二〇一六年現在、出版社が運営する小説サイトの多くは、現状ではただプロが書いた原稿を載せているだけだ。ひどい場合には、スマホ対応もロクにしていない。閲覧は不便で、コメント欄を通じた読者とのコミュニケーションの回路、読者の声が作品や作家にダイレクトにフィードバックされるしくみも不十分なことが多い。これでウェブサービスとしてうまくいくはずがない。ウェブ小説のプラットフォームは送り手から受け手への一方通行のメディアではない。コミュニケーションに価値があるSNSなのだ。

②終わりのない「運用型」コンテンツとF2P（Free to Play）スタイルが好まれる

また、こうした状況下では、物語の最初から最後まで、フリからオチまでがパッケージされた完結した一冊の本、という形式以外の作品が増える。それが望まれる。

すでにモバイルゲームやオンラインゲームでは「終わりがない」作品がある。一本ずつ売り切りの「パッケージ型」で発売されるものではないものだ。いちどリリースしたあとにアップデートが重ねられ、新要素が随時投入される「運用型」コンテンツが、当たり前にある。

小説や漫画も、延々と続く大河作品はむかしからあった。だがネット連載が主流になった今、さらに増えている。「エンディングへ向かう物語」ではなく「アクセスするたびにそのプロセスを楽しむ」という感覚は、小説に対しても一般化していく。

これまでは、出版社都合の売りやすさ、印刷のしやすさ、普及のさせやすさから、二〇〇頁ぶんくらいから「一冊（ぶん）」ごとにパッケージされることがふつうだった。そしてそのサイズに合わせた長編小説を書くために必要なテクニックが発達してきた。オチから逆算して起承転結の「転」、三幕構成の三幕目でいちばん盛り上がるような伏線の張り方、プロットの絡め方の技術が蓄積されてきた。これは映画やＴＶドラマのような映像の脚本術でも同様である。尺があるていど決まっていることを前提に、その分量に収まるようにアイデアを膨らませたり削ったりして整える作劇の方法論が有用だった。

しかし、少分量で高頻度な更新が求められる環境下では、たとえば九〇分のアクション映画や二五六頁で一冊のラノベに求められていたようなプロットのお作法は、必ずしも機能しない。ウェブ小説では物語のサイズは小分けになり、かつ数珠つなぎになっていく。

読者の消費行動が変化することで、作家に求められる能力、適性も変わる。

また、イニシャルでお金を払ってもらう（読む前にお金を払って作品を買ってもらう）モデルなのか、タダで読んでもらって気に入った人からお金をもらう（無料でアクセスして気に入った作品は追加でコンテンツが買える。いわゆるＦ２Ｐ／フリーミアム）モデルなのか、売り切りなのか運用型なのかによっても、作品に必要な見せ方は変わる。

ハッタリ的な「ツカミ」と、短い分量でも感情を揺さぶるイベント／シチュエーションづくり、「そしてなんと⁉︎」的な「引き」の連続で引っぱるテクニックの方が、「オチから逆算してクライマックスで感情のピークをつくる」つくりかたよりも重要になる。

小説は「運用型コンテンツ」へ移行する。

その運用型コンテンツと、紙の書籍化を組み合わせたビジネスが、昨今のウェブ小説書籍化の本質である。言いかえれば「Ｆ２Ｐモデル＋マーケットインな書籍化」である。

娯楽の世界は、ゲームビジネスで言うＦ２Ｐモデルに移行していっている。

ウェブ小説書籍化もその流れにある。

Ｆ２Ｐとは、最初は無料で利用できるサービスやプロダクトで客寄せをし、そのなかで気に入って追加サービスを受けたいひとはお金を払ってくださいい、というものだ。スマホ向けのゲームなどがその典型である。

「なろう」の小説もウェブ上ではタダで読める。だが加筆修正されてパッケージングされた紙の書籍がほしいひとはお金を払ってくださいい、というものになっている。

ただ、ウェブ小説書籍化がふつうのＦ２Ｐと異なる点もある。

無料で読んでいる層ではないのに書籍版を買うひとが八割くらいいることだ。

つまりウェブ上で読んでいて書籍版が出たら買うひとが二割、書店店頭で初めて見て本を買うひとが八割くらいなのだ（たとえば、私の「新文化」での連載でのアルファポリス社長・梶本雄介氏インタビューを参照のこと。http://www.shinbunka.co.jp/rensai/netnovel/netnovel01.htm）。

なぜか。無料の世界（＝ネット）で人気のものは、有料の世界（＝紙の書籍）に移しても商品力がある。初めて見たひとでも食いつく「引き」があるからである。ネットユーザーによる集合知が作品をインキュベーションし（孵化させ）、紙の世界での生存確率を増大させる。

これはアニメやゲームのノベライズの売れ方とは異なる。ノベライズは元の作品のファンが買うものだが、ウェブ小説書籍化では、オリジナルであるウェブ版を知らず（読まず）に買うケースも少なくないからだ。

ウェブ小説プラットフォームの「しくみ」の力をここでは概観した。

テクノロジーの発達、モバイルメディアの普及によって、ひとびとがコンテンツに触れる導線は変化し、消費スタイルも求めるものも変わっていく。それに対応したのがウェブ小説である。

次は「なろう」で人気の「異世界転生もの」や「エブリスタ」で人気の「デスゲームもの」がなぜウェブでウケるのか、流行るのかについて考えてみよう。

第四部
作品内容の分析

6 「小説家になろう」流行作品の内容分析

二〇一〇年代に飛ぶ鳥を落とす勢いで隆盛を誇っている「なろう」発の異世界ファンタジーには、どんなものがあるか。

旧来のラノベがおもに一〇代から二〇代向けであるのに対し、「なろう」書籍化の読者はボリュームゾーンが三〇代であり、二〇代後半から四〇代までで大半が占められている。

では旧来のラノベとは何が違うのか?

あるいは、早川書房や東京創元社などから刊行されている、オーセンティックなファンタジー小説とは何が違うのか。

ざっと特徴を見てみよう。

――と言っても、「なろう」内の流行の変遷は非常に早い。

よく「異世界転生もので俺TUEEE」などと揶揄されているが、そのバリエーションや細かい流行は、刻々と変化している。

ここに記したものは、日々ウェブに張り付いている方からすれば「めちゃくちゃ遅いし、古い」、おおざっぱな情報であることはお断りしておく。

ゲームっぽいファンタジー＋転生／召喚もの
——別の生を「やり直したい」願望

「なろう」の人気上位作品、書籍化作品に多いのは、ファンタジーである。

それも、ＲＰＧっぽい設定の中世風異世界ファンタジーである。

ゲーム空間に没入できるバーチャルリアリティを実装したＭＭＯＲＰＧ（オンラインゲーム）の世界に入ってしまう、というものも多い。

ただしファンタジーと言っても男性向けではバトルを軸にした作品が多い。女性向けではロマンスが多い。バトルとロマンスの需要の多さは、ほぼどのジャンルでもそうであるように、「なろう」においても変わらない。また、就職、結婚、復讐、いじめ、食、といった要素が人気である。

パターンとしては、主人公は、現代日本からそのファンタジー世界に転生するか召喚される（トリップする）。あるいは最初から異世界に生きる人間が、人生をループする。こういったものがよく見られる。

三四歳無職童貞のニートがトラックに轢かれて死んで異世界に転生（『無職転生』）、異世界で勇者だったのに魔王として召喚される（『勇者イサギの魔王譚』）、魔王を討伐したと思ったら二周目が始まってしまう（『強くてニューサーガ』）、一兵卒が死んだと思ったら魔法の知識を持ったまま過去に戻る（『平兵士は過去を夢見る』）などである。「やり直したかった人生を、もう一度異世界で！」（『無職転生』1巻のオビ文より）というノリのものだ。

外見や能力をハイスペックな状態で転生する。知識やスキルを持ったままいわゆる「強くてニューゲーム」をする。このように「有利な条件でもう一回、人生をやり直す」というパターンが多い。物語スタート時点では「なんで俺はチートで転生じゃないんだ」と思っていても、なんらかの特殊能力が判明していくことも少なくない。そうしないと、たんに地味な話になる——エンタメとしてわかりにくくなってしまうからである。

二度目の生は、どういう状態でスタートするのか。たとえば典型的なものに、俺TUEEEや賢者や職人を主人公にしたものがある。もちろんほかにもバリエーションは無数にあり、その微妙な違いを楽しむものになっている。

俺TUEEEは、最強の剣士として生まれ変わるとか、勇者として特殊な能力が与えられて召喚されるとかである。賢者や職人、料理人タイプは、前の生での知識やスキルを引き継いでおり、必ずしも身体的な能力は十分ではないけれども、知恵や技術を使って困難を乗り越えていく、というものだ。

ウェブ小説においても、紙のエンタメ小説や娯楽映画同様に、まったく活躍できない、なんの能力も知識もない人間が主人公の作品の多くは、人気になっていない。

『転生したらスライムだった件』という作品もウケているが、主人公はスライムに転生してしまったものの、結局は数あるモンスターたちの主となっていく。『フェアリーテイル・クロニクル』のように主人公が職人の場合や、異世界で料理人になる作品もあるが、いずれもやはりある種の俺ＴＵＥＥの変奏——ある種のスキルがずばぬけてすごいというパターンである。

「やり直し」願望の発露だけあって、元の世界に戻りたがる主人公は比較的少ない。元の世界に戻れる可能性が残されていることもあまりない。実は、女性向けだとわりと見られるものだが、男性向けでは『この世界がゲームだと俺だけが知っている』ほか少数かと思われる。

コアなジャンルＳＦ／「なろう」系ファンタジー／一〇代向けラノベの違い

コアなＳＦやファンタジー作品と、ウェブ小説で人気のファンタジー作品はどう違うのか。あるいは若年層向けライトノベルとウェブ小説（青年～中年向けラノベ）はどう違うのか。これを説明するには、多少長くなるが、筆者が行った調査とその分析につきあっていただく必要がある。

私は二〇一三年七月から八月にかけて、東京都内の学習塾と私立高校、私立大学の講師の協力を得て、中高大学生二六九人に対して無記名アンケートを実施した（中学生六五人、高校生一七八人、大学生二六人。なお、統計学的に厳密な調査・分析ではないので、あくまで参考ていどに)。その中で、「あなたが一番ハマっている作品の、どんなところが好きですか?」という質問を選択式で回答してもらった。

選択肢は、笑える、切ない、エグい、こわい、かわいい、かっこいい、テンションが上がる、アツい、マネしたくなる、いっしょに楽しめる、ネタになる、集めたりレベル上げが楽しい、なごむ、おどろく/びっくりする、謎めいている、知的、もやもやしたきもちをすくってくれる、明るい、病んでいる、エロい、ドキドキする、ヤバい、泣ける、壮大、身近、萌える、落ち着く、別世界、その他[自由記述]である。

結果は、どうだったか? ベスト10は、

「笑える」43%
「テンションが上がる」38%
「かっこいい」32%
「かわいい」26%
「明るい」19%
「泣ける」「アツい」18%
「いっしょに楽しめる」17%
「ネタになる」「なごむ」16%

だった。では、下位項目——求めている人が少なかった要素はどうか。このアンケートでのワ

ースト11は、

「身近」４％

「知的」５％

「病んでいる」７％

「落ち着く」「集めたりレベル上げが楽しい」「壮大」８％

「おどろく／びっくりする」「マネしたくなる」９％

「謎めいている」「もやもやしたきもちをすくってくれる」「エロい」10％。

だった（なお、母数の男女比が四対六だったので五対五になるように割り戻して計算）。

「好きな作品の、好きなところをあげてください」と問うと、「笑える」とか「テンションが上がる」といったポジティブな要素、「泣ける」「アツい」のような感情を揺さぶる要素をあげる人が全体では多かったことがわかる。

「壮大」「謎めいている」「知的」「病んでいる」といった要素は比較的少ない。「身近」が少ないのは、人々が娯楽に求めるもののひとつが「気晴らし」や「逃避」だからであり、自分の日常にあまりに近いものは求めていないということだろう。

ただ、注意すべき点がある。下位項目であっても「ニーズがない」わけではない、ということだ。

「知的」なところが好き、と言っている人間は、人間が一〇〇人いたら五人もいる。この五人の心を十二分に満たす作品であれば、十二分にヒット作になりえる。

また、下位項目を無視してはいけない理由として、好きな小説ジャンルごとに傾向が異なることもある。同調査では、好きな小説ジャンルも選択式で訊いている。

たとえば好きな小説ジャンルとして「ＳＦ」をチェックしたのは男子が18％、女子８％と健闘している。ちなみに一番人気はライトノベルで男子26％、女子15％。次いでミステリが男女ともに18％（なお、ファンタジーやホラーはこの設問では選択肢に入れていない）。

好きな小説ジャンルと、そのひとが小説に何を求めているかは、関係あるだろうか？

ためしに「ライトノベルが好き」と回答している人だけ抜いて「一番ハマっている作品のどこが好きか？」という設問の結果を全体と比較してみた。

だが、意外なことに、さほど変わりがなかったのである。

「なごむ」と「エロい」「萌える」が上位に食い込むくらいだ（断っておけば、設問は「自分が今一番ハマっている作品のどこが好きか？」というものなので、ラノベ好きだけを抜いたとしても回答者がラノベを想定してこの問いに答えているとは限らない）。

ではＳＦ好きだけ抜いて上位項目を挙げるとどうか？

じつは、全体の結果から少し変わる。

「笑える」「テンションが上がる」41％
「かっこいい」38％
「アツい」31％

「謎めいている」25％
「エグい」「泣ける」「壮大」22％
「ネタになる」「病んでいる」19％

となる。全体では下位項目だった「謎めいている」や「壮大」「病んでいる」を挙げる人が増加。ちなみに「知的」も16％と大幅に増えている。

とはいえ重要なことは、「笑える」「かっこいい」「アツい」「泣ける」などといった喜怒哀楽や恐怖といった情動を揺さぶる要素は、ラノベ好きでもSF好きでも、あるいは他のどんなセグメントで切ってみても、必ず上位に入っている。「感情を動かされること」は、共通のニーズなのだ。

もっとも、この調査は一〇代に対してしか行っていない。だから、年長世代も同じ傾向にあるとまでは言えない。ちなみに『読書世論調査2015年版』（毎日新聞社）で「あなたが本を読む動機は何ですか」と訊いたところ、

「感動したり楽しんだりするため」62％
「仕事や勉強に必要な知識が得られるから」50％
「自分が体験できない世界にひたれるから」32％
「好きな作家の作品を読みたいから」31％

「同僚や友人との話題についていくため」13%

だった。性別で言うと男性は55%が「感動したり楽しんだりするため」で52%が「仕事や勉強に必要な知識が得られるから」、女性は前者68%、後者48%。

「感動したり楽しんだりするため」と「自分が体験できない世界にひたれるから」は若いほど多い傾向が見られ、一〇代後半の女性の八割、二〇代~三〇代の女性の七割は「感動したり楽しんだりするため」と答えたという。

「仕事や勉強に必要な知識が得られるから」は三〇代~五〇代の男性の六割が挙げたそうだ。

女性より男性の方が実用的な知識を求める。

若い方が年長世代より娯楽を求める。

といった傾向がある。

また、脳科学でよく言われているが、若者の脳は理性を司る前頭葉が未発達だから、刺激に敏感に反応しやすい。このあたりからも、一〇代向けラノベと「なろう」系の人気になる作品の違いは説明できそうだ。

ともあれ、このアンケート結果はわれわれがイメージする「SF好き」像とわりと一致する。

——壮大で謎めいている、知的な物語が好き。どちらかと言えば明るく楽しく笑えるものよりも、病んでいるものの方が好き。

ジャンルのファンとは「特定ニーズの組み合わせを持つひとのあつまり」と言い換えること

ができる。ＳＦファンでもラノベ好きでも、あるていど「こういうものが好きなひとたち」（こういうニーズをもった人たち）という塊＝クラスタを形成している。

ＳＦが好きな人の多くも、「楽しい」「テンションが上がる」といった感情、喜怒哀楽や恐怖に訴えかけるものを求めていないわけではない。だが、それらと同時に「壮大」「謎めいている」「知的」「別世界」「病んでいる」といった（全体からすると）マイナーなニーズ――その集団固有のジャンルニーズを持っている。

この調査では「なろう」好きの三〇代男性へのアンケートを行っていない。よって以下は類推である。ＳＦファンが喜ぶような「知的」「壮大」「謎めいている」要素がそろっていれば、「なろう」系ファンタジーは、そういう人たちからもウケはいいはずだ。しかしそうはなっていない。なにかが違うはずだが、それはなにか。具体的に見てみよう。

まずは、多くのひとにとって共通のニーズである喜怒哀楽や恐怖といった感情をゆさぶる要素があるかどうか、だ。これがなければ、「なろう」書籍化がヒットすることの説明がつかない。

まず、「生まれ変わって俺ＴＵＥＥＥ」をはじめ、ひとりだけチートな状態で有利な人生を歩むのは、楽しい。

前の鬱屈した人生（主人公は前世ではうだつのあがらないサラリーマンとか無職童貞ヒキニートであることが多い）とは違って、特殊な能力を得た転生／召喚先ではかわいい女の子にもちやほやされる。前世では「ぼっち」だったが、信頼できる仲間や異性ができる。これは心底嬉しいはずだ。

前世の自分を思い出し、あるいは前世の自分と同様に不遇な目に遭っている、悲惨な過去を持つヒロインの悲しいエピソードを挿入することもある。せっかくやり直した生なのに死ぬかもしれない危機に遭遇して感じる、「絶対にこの人生を失いたくない」という恐怖も描かれる。

喜怒哀楽や恐怖に関しては、基本的なフォーマットのなかでじゅうぶん訴求しやすいようにできている、と言えそうだ。

では「知的」さはどうか。これは作品による。主人公が魔法使いや賢者、職人などのパターンでは知恵を駆使するものが多い。ただ、コミカルなノリで頭を使わず読める作品もある（「病んでいる」人気作品は、比較的少ない）。

「壮大」さに関しては、これも作品によりけりだが、基本的にはあまりない。ファンタジーと言っても、「なろう」系は「世界」を描くというより「キャラクター」を描くものが大半だからだ。

「謎めいている」。これはわりとある。現実世界から飛んだ先の異世界がどんな場所なのか、何が待ち受けているのか、なぜ転生／召喚させられたのか……といったことが、「引き」に使われる（ウェブ小説では「連載」形式であることが重要であり、連載を引っぱるにはピンチと謎が欠かせない）。「謎めいている」と言っても、読者に対しての謎解き要素としてというより、キャラクターたちに「どうなるんだろう」という緊張感を与えるために使われているケースが過半だが。

ということから考えるに、「なろう」系の典型作品においては「知的」「壮大」「謎めいている」「病んでいる」といったSFファン好みの要素がすべてそろうことは、まれだと考えるのが妥当だろう。

コアなSFやファンタジーと「なろう」系は質的に異なる。ゆえに読者層も異なっている。

では電撃文庫などから刊行されている一〇代向け「狭義のラノベ」と「なろう」系を比べた場合、どう違うのか?

たとえば狭義のラノベではほとんど必須とも言える「学園」要素や「主人公もヒロインも一〇代」という設定は「なろう」系では、必ずしも見られない。主人公が二〇代、三〇代の社会人から転生することも珍しくない。

なろう書籍化作品の購買層のボリュームゾーンは三〇代、次いで二〇代後半と四〇代が多い、とくにウェブ小説の書籍をソフトカバーの単行本で買っている層は、電撃やスニーカーをはじめとする旧来の「狭義のラノベ」文庫の読者とはほとんど重なっていない(というか、重なって「いなかった」――と過去形で表現した方がただしくなりつつある。近年ではラノベ文庫レーベル自体がこのジャンルに力を入れ、読者の平均年齢を上昇させているからだ)。

ウェブ小説書籍化作品は、一九八〇年代~二〇〇〇年代初頭くらいまでにラノベを読んでいたけれど「今のラノベはちょっと」と思っている層が書き、読んでいる、と言われている(「なろう」のユーザー自体は一〇代も多いが、書籍化すると買う層はどういうわけかちがっている)。一〇代向けにはチューニングされず、三〇代なら三〇代なりの、自分の世代感覚で書き、年齢相応の設定やことばを使っている。それがゆえに、同世代に響くものになっている。

なぜ「なろう」では異世界ファンタジーが多くなったのか?

「喜怒哀楽や恐怖を効率よく満たせばいいだけなら、べつに異世界ファンタジーでなくてもよかったのではないか?」と思うかもしれない。

私は「そうでなくてもいい(よかった)」と考えている。

というのも、別のウェブ小説プラットフォーム「E★エブリスタ」ではサバイバルホラーものや女性向け恋愛小説が、スターツ出版が運営する(ケータイ小説からの流れを汲む)「野いちご」では女子小中学生向けの恋愛ものやホラーがヒットしている。「なろう」発でも、アルファポリスは大人の女性向けの非ファンタジー世界を舞台にしたエタニティブックスなども手がけ、堅調な売上をあげている。海外のKDPでは、ディストピアものやサバイバルものが人気のようだ。つまり、別のやりかたはある。

「なろう」においても、異世界ファンタジーの需要が〝今は〟大きいだけ、と見た方がいいだろう。事実かつては魔法系やSF、さらにその前はラブコメが流行っていたという。であれば五年後、一〇年後のジャンルの流行など、誰にもわからない。

しかしなぜ異世界ファンタジーが多くなったのか。

ほとんど偶然だったのではないか。

どのジャンルでも、ひとつ有名になった作品が出ると、マネされる。ビートルズが流行ったときには似たような四人組のロックバンドが死ぬほど生まれた。お笑いだって、漫才が流行れば漫才コンビが増え、ピン芸人の一発芸が流行ればそれに追随する動きが出てくる。

キラーコンテンツが生まれ、フォロワーが続出することは、実はプラットフォームが流行するための必須要因である。もっとも、キラーコンテンツが生まれるにはあるていどユーザーがいなければならず、ユーザーを呼び込むには人目を惹くコンテンツがなければならない、というニワトリとタマゴのような関係をブレイクスルーさせることも必須要因なのだが。

「なろう」の流行も、「異世界転生もの」や「俺TUEEE」系のキラーコンテンツが生まれ、それを読んで「自分も書こう」と思った人間が大量発生した結果、こうなっているにすぎない。ある時期のキラーコンテンツになった作品（群）が、ある種のファンタジー系だっただけだ。

人間は意識的にも無意識的にも「棲み分ける」。

ウェブ小説でも、プラットフォームごとに人気になる作品の傾向は違う。人間は、わざわざ特定の場所まで行くならば「そこでなくても手に入るもの」よりも「ここでなら手に入るもの」を選ぶ。よそでは読めないもの、よそよりもここのほうが自分にフィットするものがある場所を求めたユーザーが集まった結果、たまたまこうなっているのだ。

……とは思うものの、もう少しだけ理由を掘り下げてみよう。

このタイプの異世界ファンタジーが、ユーザーにとって「書きやすいし、読みやすいものだったから」という側面もある。どういうことか？

・「世界を救う」といった大目的を与えやすく、あとは考えながら書いていける

ミステリのようにオチから逆算して書いていかなければいけないジャンルは、ウェブ小説ではそれほど人気がない。ミステリは、連載で毎回引く終わり方にするのも技術的に難しい。ウェブ小説向きではないと言える。

連載形式で引っぱりながら（作家自身が都度都度考えながら）書いていけるジャンルとして、ファンタジーはわりと向いている。モンスターに襲われる、といったことをはじめ、「引き」がつくりやすい。

また、「世界を救う」というような大目的を主人公に与えておけば、話がどこに向かっているのかわからないという事態も避けられる。

・調べ物や前提知識が（あまり）いらない

気楽に読めて、気楽に書ける（「異世界でブログを更新しているようなもの」と言う作家もいるようだが）のがウェブ小説では、書き手にも読み手にも望まれている感がある。

ＳＦやミステリでは、書くにあたって調べ物が絶対に必要だ。

だがゲームっぽい雰囲気の異世界ファンタジーでは、わりとご都合で、ノリで書いている作品が多いように思う。書くときに、調べ物がそんなに必要ないのだ。

また、読者に対しても前提となる知識（ＳＦを読む人間は「量子コンピュータ」と言われてもすぐわかるものだろうが、そうではない人は「何？」と思うこともあるだろう）をあまり要求しない。また、知識を要求される作品を好んで読まないユーザーが多い。

そういうもののなかで、ゲームっぽいファンタジーが選ばれた面もあるだろう。

・想像力のベースがゲームである時代／世代の産物

マクロミル　ブランドデータバンク『世代×性別×ブランドで切る！　第４版』（日経ＢＰ社、二〇一四年刊）の調査によると、趣味に「テレビゲーム」を挙げている割合は

二〇～二四歳男性で32・１％、同女性では13・６％
二五～二九歳男性では31・７％、同女性では12・１％
三〇～三四歳男性では26・４％、同女性では８・１％
三五～三九歳男性では21・８％、同女性では７・４％
四〇～四四歳男性では14・３％、同女性では６・５％
四五～四九歳男性では７・７％（四五～四九歳女性およびそれ以上の年齢ではいずれも圏外）

ちなみに趣味に「読書」を挙げた人たちは、

二〇～二四歳男性で22・８％、同女性で27・４％
二五～二九歳男性では19・６％、同女性では24・８％
三〇～三四歳男性では17・２％、同女性では22・４％

三五〜三九歳男性では19・2％、同女性では24・3％
四〇〜四四歳男性では17・6％

もはや据え置きハードよりも携帯機やスマホゲーの方が主流の時代に、「家庭でのテレビゲーム」という前時代的なくくりで聞いているにもかかわらずこの数字である。もろもろ込みでのデジタルゲームを趣味とする人間は、これよりずっと多いだろう。

『レジャー白書』（日本生産性本部）も同様の調査を行っているが、そちらを見ても日本人男性は三〇代までは読書とほぼ同等か、あるいはゲームの方がポピュラーな趣味であることは、数字から明らかだ（図6および図7を参照）。

そして日本で人気のあるゲームには、ファンタジー的な世界観のものがたくさんある。現代日本においては「トールキンは読んだことがないけれどドラクエやFF、ポケモンやテイルズは大好き（だった）」という人の方が多いはずだ。「ファンタジー」といえば、パトリシア・マキリップやタニス・リーが書いた小説よりも、『モンスターハンター』や『チェインクロニクル』『グランブルーファンタジー』といったゲームをイメージする人の方が数十倍〜百倍くらい多いのが現実だ。

こういう状況で、日本人の男性が小説を書こうと思ったときに参照されやすいのは、まずファンタジーゲーム的な設定や世界観であり、『ナルニア国物語』や『指輪物語』ではない。売上的に言っても人々の可処分時間に占める割合においても、ゲームっぽいファンタジーに触れている方が主流。それ以外のファンタジーが傍流なのだから。

今日のゲーム風ファンタジー小説の隆盛は、たんにそのファクトを反映したものだ。

こうした事情、および紙の小説界には「なろう」的なファンタジー小説を新人賞を通じて受け入れる土壌がなかったことによって、「なろう」系ファンタジーは一大勢力をウェブ上に築いた。そしてその流れは紙の書籍にまで自然と及んだ。

四六判ソフトカバーの「なろう」書籍化作品は、文庫のラノベよりも一般文芸との併売率が高い。しかし、「一般文芸」を買う層のなかでも、セグメントは分かれている。「なろう」書籍化作品の多くは、キャラクターを主体とし

男性	10代	ジョギング、マラソン	カラオケ	テレビゲーム（家庭での）	SNS、ツイッターなどのデジタルコミュニケーション	音楽鑑賞（配信、CD、レコード、テープ、FMなど）	読書（仕事、勉強を除く娯楽としての）
		49.2%	46.6%	44.40%	44.1%	40.7%	39.8%
	20代	SNS、ツイッターなどのデジタルコミュニケーション	読書	テレビゲーム	国内観光旅行（避暑、避寒、温泉など）	外食（日常的なものは除く）	音楽鑑賞
		46.4%	45.9%	44.4%	43.4%	42.9%	41.3%
	30代	テレビゲーム	国内観光旅行	外食	ドライブ	読書	音楽鑑賞
		52.1%	46.4%	45.3%	44.5%	41.5%	41.5%

図6　余暇活動の性・年代別参加率上位10種目（2014年）
※複数回答可の調査である
（『レジャー白書2015』〔公益財団法人日本生産性本部〕25頁を参考に作成）

順位	年齢（性別はすべて男性）					
	20-24歳		25-29歳		35-39歳	
1	インターネット	42.80%	インターネット	41.70%	インターネット	29.30%
2	テレビゲーム	32.10%	テレビゲーム	31.70%	国内旅行	27%
3	音楽鑑賞	29.90%	音楽鑑賞	26.40%	お酒	23.20%
4	スポーツ	24.90%	スポーツ	24.60%	映画鑑賞	22.50%
5	漫画	24.90%	漫画	22.80%	音楽鑑賞	21.80%
6	映画鑑賞	23%	国内旅行	20.10%	テレビゲーム	21.80%
7	読書	22.80%	読書	19.60%	スポーツ	21.20%
8	カラオケ	22.40%	映画鑑賞	19.30%	ドライブ	20.10%
9	テレビ・ラジオ	18.40%	お酒	17.40%	読書	19.20%
10	スポーツ観戦	17%	カラオケ	17.20%	テレビ・ラジオ	17.90%

図7　20代～30代の趣味のランキング
※複数回答可
2013年6月18日～6月24日にかけて30779人を対象にインターネットで調査したもの（マクロミル リサーチパネル）。
（マクロミルブランドデータバンク『世代×性別×ブランドで切る！　第4版』〔日経BP社、2014年〕を元に作成）

たライトでソフトなエンターテインメントである。多くのひとびとは、硬質で本格派の作品よりも、軽いものを支持している。

ファンタジー以外の「なろう」有力作品――『居酒屋ぼったくり』『君の膵臓をたべたい』

断っておけば、「なろう」には、ここまであげた「ゲームっぽい異世界ファンタジー」ではない有力作品も当然ある。たとえば支援BIS『辺境の老騎士』は美食家の老騎士の旅を描いたファンタジーだし、風羽洸海『灰と王国』はゲームっぽさも転生／召喚もない、故郷を滅ぼされた少年が竜の化身である少女と出会って世界の運命を変えていくというオーソドックスな異世界ファンタジーだ。

また、ファンタジー以外の有力作品に、秋川滝美『居酒屋ぼったくり』や住野よる『君の膵臓をたべたい』がある。その二つを紹介しよう。

・中高年男性にも支持される料理小説――秋川滝美『居酒屋ぼったくり』

『居酒屋ぼったくり』はアルファポリスからシリーズを刊行、単巻で一〇万部以上を売り上げている注目作である。

こぢんまりとした商店街にある、一軒の飲み屋。亡き父母から継いだ店を切り盛りするのは、気立ての良いふたりの姉妹。そこは、和洋中を問わず、様々な美味とお酒を提供する「居酒屋ぼったくり」。今夜も個性あふれる常連客が集い、ふらりと新しい客が訪れては、舌鼓を打つ——。

著者の秋川氏は、女性向けの恋愛色の強いウェブ小説『いい加減な夜食』でデビュー。第二シリーズ『ありふれたチョコレート』も、同系統の作風だった。

彼女は三〇年ほどそのタイプの小説を書いていたが、新人賞に送って結果が出るまで半年から一年待つというのが耐えられず（結果が気になってほかのことが手につかなくなる）、応募したことがなかった。だがアルファポリスは、ウェブにアップした小説について作家自身から書籍化申請を出し、読者からのポイントが一定数溜まると編集者の方が二週間ていどで返事をするシステムだったため「二週なら待てる」と思い、応募。申請するとあっという間に規定のポイントに到達し、デビューが決まった。『ぼったくり』を書きはじめた理由は、自作を書籍化するにあたってウェブで連載している作品がないと、宣伝上まずいと思ったからだ。つまり、宣伝のためのオマケ的な作品として、同作は始まったのである。

しかし短編を一本だけアップするつもりが「連載してほしい」とウェブの読者からリクエストを受け、書いていくうちに『夜食』の書籍化作業そっちのけで執筆にのめりこんでいった。そして機が熟すのを待ち、編集作業に時間をかけ、『ぼったくり』は書籍化された。

書籍版はウェブ版にはなかった、本文に登場する酒造会社への問い合わせ先や秋川氏による料理コラムが掲載され、漫画家しわすだ氏による、描線のやわらかいイラストが、食べ物と人物に彩りを添え、読んでいて食欲がそそられる本に仕上がっている。食を書かせたら天下一品の池波正太郎と東海林さだおを敬愛する秋川氏らしい、堂々の「一般文芸」である。『ぼったくり』は、秋川作品の元々の読者層である女性だけでなく四〇代から五〇代の男性にも、広く支持されている。

・難病ものの泣ける純愛小説――住野よる『君の膵臓をたべたい』

住野よる『君の膵臓をたべたい』は、現代日本を舞台にした、難病ものの青春恋愛小説である（現在は削除されているため、「なろう」で読むことはできない）。掲載時から話題を集め、書籍化されてからも支持は高まるばかりだ。

『居酒屋ぼったくり』に続く「なろう」発の一般文芸系のヒット作であり、二〇一五年デビューの新人による話題作という意味では、又吉直樹『火花』に次ぐものでもある。

主人公である高校生の「ぼく」は、図書委員の山内桜良に「君の膵臓をたべたい」と言われる。ヤンデレではない（彼女が致命的に蝕まれているのは精神ではなく、肉体である）。

物語冒頭で、「ぼく」は彼女の葬式について語る。だから、読者は彼女が死ぬことを知っている。そのあと場面は飛び、元気だったころの彼女とのやりとりがはじまる。桜良は明るく、病人とは思えないほどに軽口を叩く。けれど「残り少ない命」であることはところどころで示され、こんなにも魅力的な子が、本当に死んでしまうのか……と、つらくなってくる。相対する「ぼく」は飄々としていて、鈍感で、つまりはバカ野郎である。

橋本紡の『半分の月がのぼる空』やカズオ・イシグロの『わたしを離さないで』がそうであるように、近い将来に死ぬ若者がする恋愛模様は尊く、彼らのことばのひとことひとことは、重い。彼らの存在は、あらゆる人間の生は有限であり、たとえ病気でなくても、本当はいつ死んでもおかしくないということを、あらためて突きつける。

桜良の意地と思いやりが、ふしぎな関係を築く「ぼく」と桜良の感情の往来が、彼らの距離感が、それを綴る筆致が、たまらなくせつない傑作である。

おそらく『ぼったくり』も『君膵』も、遠くないうちにTVドラマか映画に、あるいは劇場用アニメになって大ヒット作になるだろう。

「なろう」で目立つのは、たしかに異世界転生ものやゲーム系ファンタジーである。しかし、投稿作品はそれなりに多様であり、ファンタジー以外の話題作も生まれていることは、添えておきたい。

さて、では次は「エブリスタ」で流行っている「デスゲームもの」はなぜウェブ小説向きなのか、を見ていこう。

7　E★エブリスタで隆盛する「デスゲーム／パワーゲーム」の内容分析

デスゲーム／パワーゲームものが継続的なウェブ連載に向いている理由

「E★エブリスタ」に連載されたものを加筆・修正の上、紙の書籍化を果たした代表的な作品に、金沢伸明『王様ゲーム』、岡田伸一『奴隷区　僕と23人の奴隷』、山崎烏『復讐教室』などがある（正確には『王様ゲーム』は前身である「モバゲータウン」発）。

「エブリスタ」では、一回につき数百文字単位でもいいから高頻度で更新した方が、作品に対するアクセスが伸びやすい。たとえば『E★エブリスタ年鑑　２０１４年版』（密林社）掲載の人気作家インタビューでは、四〇〇字～五〇〇字ずつ短いスパンで更新するようにしたら閲覧数が増えた、と語られている。

「エブリスタ」の閲覧者の大半はスマホからアクセスし（「エブリスタ」では「スマホ小説」と

いうフレーズがよく使われる）、小さいディスプレイ上で小説を読む。こうしたスマホ時代の執筆、閲覧環境下では、従来の紙の月刊小説誌での連載や書き下ろしとはことなる執筆スキルや作風が求められる。いくらかは前述したとおりだ。

「なろう」におけるファンタジーのように、「エブリスタ」では『王様ゲーム』以降、デスゲームもののホラーが定番ジャンルと化している。なぜスマホ時代の連載小説――「エブリスタ」上において、デスゲームものは書き手／読者に選ばれやすいものになったのか。

週刊マンガ型デスゲーム／パワーゲームが台頭したのはなぜか？ その背景をさぐる

『王様ゲーム』では、ある高校のクラス全員に「王様」からの命令メールが携帯に届き、命令を無視した人間が次々に死んでいく。主人公の伸明たちは、親友や恋人を守るために「〇〇と△△はセックスしろ」といった理不尽な命令を乗り切り、「誰が『王様』なのか？」「このゲームを止める方法はないのか？」という疑心暗鬼や疑問と戦いながら生き残りを模索していくというサバイバル・ホラーである。

『奴隷区』は、SCMと呼ばれる特殊な装置を身につけた人間同士が戦い、敗北感を抱いた方が対戦相手の奴隷になる、というものだ。

共通しているのは、スモールサークル（小さい集団）を相手にしたエグいデスゲーム／パワーゲームものであるという点である。

デスゲームとは、「〇〇したら死亡」になっているゲームである。命令を遂行しなければ死ぬとか、勝負で負けた方が死ぬとか、そういう終了条件になっているゲームのことだ。あるいは、生き残った最後のひとりだけが脱出できるようなルールになっている（ほぼ全員が死ぬ）ゲームを指す場合もある。

パワーゲームは（筆者による造語だが）、たとえば『奴隷区』なら「勝負で負けた方が、勝った方の奴隷になる」というような支配・従属関係を決めてしまうゲームのことである。ゲームの勝者が敗者の行動をコントロールする能力や権力を手に入れる、というものだ。

デスゲームやパワーゲームが受け手にもたらすものは、強い刺激である。ゲームは、プレイヤーの感情を揺さぶる装置として使われる。

参加者たちは、死にたくないので、必死になる。それでもほとんどの参加者はゲームのクリア条件を満たすことができず、死を突きつけられて狂乱し、あるいは命乞いをするが無残に死ぬ。

パワーゲームなら、負けて意に沿わないことをさせられたくないので、焦る。けれどゲームの敗者になってしまったがために命令によって望まない行為をさせられ、感情がたかぶる。逆に、勝って胸をなで下ろしたときの解放感や、相手を思いのままに支配できるという全能感も味わえる。作中のゲームの参加者は激しく感情を起伏させ、それが作品の受け手に伝わる。

「なろう」小説の解説でも触れたとおり、人間は感情の動きに敏感に反応する。

しかし、ふだんは知性や理性で、そうした原始的な振る舞いを抑圧している。感情丸出しのものは、知的なものを好む人間には毛嫌いされる。「エブリスタ」発のホラーは、既成の小説新人賞に送ったところで通らなかっただろう。知的で理性的な装いがないからだ。

描写の密度は薄く、次々に絶叫しては蹂躙され、死んでいくさまばかりを（と言うと言いすぎだが）描いているからだ。恐怖小説や怪奇文学の伝統など踏まえておらず、文化的に価値のあるものを志向していない。

逆にいえばそういう文脈を踏まえて筆致を抑えることで生じてしまう「かったるさ」をスキップしている。がゆえに、「エブリスタ」のデスゲーム小説は、小説を読み慣れていない一〇代を中心に支持されている。

そもそもゲームとは？

ところで、そもそもゲームとは何か――こんな議論は迂遠に見えるかもしれない。だが、「なろう」でも「エブリスタ」でも、ウェブ小説では広い意味でのゲーム的なものがこれだけウケているのだから、この話は避けて通れない。しばしお付き合い願いたい。

「ゲーム」の定義は論者によってさまざまだが、おおむね以下の三つで構成されている。

①ルール：どんな人が何をするものなのかという定義と、勝利条件（終了条件）
いったい何を競ったり、争ったりするものなのか。

何をする（しなくてはいけない）ものなのか。

人数や参加資格は？

こういうことの具体的な内容が必要だ。

また、こうなったらゲームが終わり、こうなったらこちらの勝ち、というゲームの終了条件、勝利条件も必要である。
②プレイヤー：具体的なプレイヤーとプレイヤーの行動変数（選択肢）
どういうひとが参加するのか。プレイヤーが選びうる行動にはどんなものがあるのか。
③賞罰：ゲームの結果に応じてもたらされるreward（報酬、賞罰）
ゲームが終了すると、何が参加者にもたらされるのか。

デスゲーム／パワーゲームがデスゲーム／パワーゲームたるゆえんは、③にある。

・**極端な賞罰が、キャラクターの感情をかきたてる――ギミックとして秀逸な点**
ゲームの結果、極端な賞罰が与えられるのがデスゲーム／パワーゲームである。

「じゃんけんで負けたら死ぬ」というゲームに参加させられたら、たいていのひとはがんばる。

「鬼ごっこで捕まったら死刑」というゲームに全国の「佐藤」姓の人間が強制参加させられる

のが、山田悠介のヒット作『リアル鬼ごっこ』だった。生死や、自分の意志や行動の自由がかかっていれば、どんな馬鹿馬鹿しいゲームにでも必死になる。

極端な賞罰が、その参加者の心情を揺さぶる。

これがデスゲーム／パワーゲームの本質だ。

プレイするゲームの内容は、シンプルなもの、あほらしいものでもかまわない。参加者同士の知的なかけひきも、必須ではない。生き死にや自分の自由がかかっているがゆえに参加者（と読者）がドキドキし、悲喜こもごもがテンション高く表現されればいい。

もちろん、登場人物たちの感情表現をゆたかにしたり、ビジュアル的に映えるようにするために、ゲームのルールを複雑にしたり、プレイヤー自体のキャラ立てをしたりアクションをハデにすることも重要だ。だが、賞罰が極端なものであれば、それだけでデスゲーム／パワーゲームたりうる。

デスゲーム／パワーゲームは、参加者の感情のボルテージを上げる。決死の行動をする必然性を、キャラクターの内的な動機や目的（だけ）に求めずとも、「死の恐怖」という外圧によって底上げができる。

通常、キャラクターたちに激しいアクションや過激な行動、果敢な振る舞いをさせるには、それに釣り合う動機や目的が必要になる。そうしないと見ている方が「なんでこんなにがんばってるの?」と疑問に思ってしまう。

だが強制的にゲームに参加させて死や奴隷にさせられる恐怖を与えれば、強烈な目的意識と心の高揚を簡単に発生させることができる。

また、キャラクターの平時とピンチのギャップを描くことも容易にできる。極限状態に置くことで、インスタントに人間の裏の部分、醜いところが描ける。逆に、チャラそうに見えている人間のアツい部分やまじめな一面を際だたせることもできる。

『王様ゲーム』では、「こいつは最初はこう見えていたけど、本当はこんなやつなんだ」パターンが多用される。どうでもよさそうなキャラクターでも、誰かのために死ぬといいやつに見える。ふだんは良い子でも土壇場で仲間を裏切って自分だけ生きのころうとすれば「最悪」と思われる。また、賞罰を極端にすると、日常生活なら普通にしている行為でも（たとえば家族や友人、恋人との食事や会話でも）重く、感動的・感傷的に見せることができる。

・ゲーム自体にストーリー性はない。ストーリーが宿るのはキャラクター（プレイヤー）

ただし、ゲーム自体には、ストーリー性はない。たとえば鬼ごっこや隠れんぼに、ストーリーはない。ストーリーが生まれるとしたら、そのゲームの参加者それぞれの動機、背景、置かれた環境に対する反応からだ。

ストーリーとは何か。

登場人物たちにコンフリクトが発生し、それに対してアクション（行動）を起こし、変化がもたらされる。Aが困難に直面し、行動を起こしてBという状態に至る。

これがストーリーの基本パターンである。

状態A↓コンフリクト発生↓打開のためのアクションをする↓状態Bに変化する

といった具合に。たとえばファンタジー世界で主人公の冒険者が、森を歩いていたらモンスターに襲われそうな老人を発見。モンスターを剣で斬って撃退し、助けた御礼に老人からアイテムをもらうが、それはなんと主人公が探していたあるものの手がかりで……といったものである。

ゲームもののフィクションは、

状態A↓ゲーム↓状態B

というふうに、変化のトリガーになる「コンフリクト↓アクション」部分にゲームが配置されてある形式だと言える。「命令をこなせ、さもなくば……」とか、「負けたら奴隷にさせられる勝負を行う」といったものがAからBの変化の間に入っているのだ。

ゲームを使って、キャラクターのさまざまな感情を噴き出させ、それによって読者ニーズを満たすことが、ゲームもの小説のポイントである。

デスゲーム／パワーゲームものは喜怒哀楽や恐怖を簡単に満たせる装置である

・デスゲーム／パワーゲームとSF、ホラー、ファンタジー設定の相性が良い理由

「エブリスタ」発のデスゲーム／パワーゲームものの多くは、SFやホラー、あるいはファンタジー設定を使っている。なぜか？

現代日本を舞台にして超自然現象やSF設定なしのデスゲーム／パワーゲームものをつくろうとすると、ムリが生じる。ゲームの敗者に対する命令の強制力がつくりにくいし、それ以前に殺人や奴隷契約は法律的にアウトだ。死体の処理をどうするのか、ということにもなる。デスゲーム／パワーゲームにホラーやSF、ファンタジー設定を嚙ませると、超自然現象によって賞罰が強制できる。

現実世界では、たとえば「野球拳で負けた方が脱ぐ」とルール設定をしていても、負けた人間がグズって脱がないことも可能である。そう言っている人物をムリヤリ脱がすのは、ひどい気もする。

けれどホラーやSFなら、ゲームの敗者には超自然の力なりデバイスによって罰が強制執行されることにしておけば、参加者の意志に関係なく脱がすことができる。たとえ敗者に死が与えられるもの（殺されてしまうもの）であっても、超自然的な力が執行するもの、人間の手に

よるものではないのであれば、法律もウヤムヤにしやすい。

　また、日本を舞台にした、ホラーでもSFでもファンタジーでもない学園ものでストーリーをつくると、早いうちから登場人物たちに強い動機と激しい行動を持たせ、怒濤のように感情が振れまくるネタはつくりにくい。たとえば水泳大会で勝ちたいと強く思う人物を描くとすると、なぜ勝ちたいと思うのか、なぜ水泳なのかを分量を割いて書かないと説得力が生まれない。デスゲームなら「ミスったら死」「自由形で負けたら死」としてしまえば、即、みな必死になる。

　デスゲーム／パワーゲーム以外の手法で登場人物に強い負荷を与えるとなると、パッと思いつくのはいじめや性的なものも含む暴力、あとは病気や借金を負わせるといったところだろう。だが、それらを使うと、話が辛気くさくなる。ただただ暗くて重い話は、基本的にはマスにアピールできる作品にはなりにくい。

『王様ゲーム』や『奴隷区』は、エグい話ではあるが、陰鬱ではない。苛酷な状況に放られても、なんとかしようとする人たちを描いている、悲惨でも前向きな話である。

　デスゲーム／パワーゲームにキャラクターたちを放ってしまえば、助かったときの喜び、理不尽な暴力に対する恐怖と怒り、仲間や恋人を失ったときの哀しみといった様々な感情の振れ幅を大きく描くことができる。簡単につくることができる。

　またそれは同時に、何か言いたくさせる。抱いた感情を誰かとシェアしたくなる（クチコミが広がりやすくもなる）。

・デスゲームがキャッチーな理由――不快さとシェア欲求の関係

意に反して強制される、不条理・不合理なことを強いられる。そういうことにひとは、強い抵抗をおぼえる。

ムリヤリ何かをさせられている姿、暴力や権力によって人間が傷つけられ、自由が奪われている状況を見ると「ヤバいものを見てしまった」感じがする。

そしてその不快感を誰かと共有したくなる。たとえばネット上の発言、SNSを改めて眺めてみてほしい。負の感情、不快な気持ちを漏らしているひとの多いこと……。むかつく、つまんなかった、腹立つ、退屈、キモイ、あいつなんなの？　等々。ひとはネガティブな心理、ストレスをすぐ表明してしまう。悪口や怒りは、ひとにシェアされやすい。あるいはウェブのニュース。見出しだけで「バカじゃないの？」「とんでもない！」「ひどい！」と思うものを、つい見てしまう。釣り記事だとわかっていながら、踏んでしまう。見ていて憤りを覚える、攻撃的な気持ちにさせられたそのニュースを、さらに誰かに広めてしまう。

世の中のニュースは、ネガティブなことやツッコミたくなるような事件を中心に報じている。サイエンスの世界でしばしば指摘されていることだが、生物の生存に強く関わるのは、ポジティブな出来事よりもネガティブな出来事であることが多かった。したがって人間も、いいことよりもわるいことに敏感になりがちな性質を持っている。ひとは、フィクションに対しても同様の反応をしているのだ。

『王様ゲーム』では、王様メールに書かれたことは絶対にしたがわなければならない。「クラスメイト五人を指名しろ。指名された五人は死刑。指名しなかった場合は、指名者自身が死刑」だとか、「AとBが人気投票して負けた方が死刑」だとかいったことを強いられる。『奴隷区』では、奴隷にした女性を性風俗店で働かせたりする描写などが、ざらにある。

いずれも、ろくでもないことが描かれている。こんなものを手放しで褒めるひとはいない。絵空事の世界とはいえ、ひとの命を軽んじている。「ひどい」「やばい」「やりすぎ」「きもちわるい」などと言いたくなる。

だから、デスゲーム／パワーゲームもののヒット作品は、どのレビューサイトを見ても、評価は高くならない。なるはずがない。しかし、売れる。人間のネガティブな感情を強く揺さぶり、こわいもの見たさを刺激しているからだ。ウェブ小説は、紙の小説よりも感情がむきだしな傾向にある。

もちろん、すべてが不快な作品では世の中に受け入れられない。不快さだけでなく喜怒哀楽＋恐怖が入った娯楽物でなければ、ウケない。けれど、どこかしら引っかかる不快さ、短絡的な怒り、見世物小屋的な好奇心をくすぐる危なさが詰め込まれているものは、語られやすくなる。「倫理的にはどうかと思う」「人にはオススメできない」「好き嫌いが分かれそう」だが、そう言わされてしまう。そんなものを見てしまい、本当はどこかおもしろいと思ってしまっている。

売れるもの、アクセスを集めるものには、多少の毒や隙があることが多い。毒舌タレント、軽くイラッとするもの、「おいおい」と突っ込みたくなるバカ、「どうせ○○なんでしょ」とナメられる／ディスられるもの、うかつ、いじられやすい、キレやすい、ネット上でしょっちゅう炎上している有名人、煽りまくるブロガー……褒められたものではない側面を持っている人間や作品の方が、清廉潔白でおとなしい人間や作品よりも、売れやすい。イケダハヤトもはあちゅうも東浩紀も古市憲寿も、みなそうではないか。ひとの感情を刺激する、さかなでするから需要がある。こころをざわつかせるものには、つい反応してしまう。ネットニュースの見出しなど、つける側が見る側の反応を見越して意図的に「出る杭は打たれる」ように、叩きやすくなるよう、打ちやすい位置に杭を出してあげているだけだ。すると、見事に人は集まってくる。

一般論としてはこうだとして、『王様ゲーム』や『奴隷区』のようなデスゲーム／パワーゲームものがなぜウェブ連載向きなのか、もう少し掘り下げてみよう。

ウェブ小説にデスゲーム／パワーゲーム系ホラーやファンタジーが向いている理由

デスゲーム／パワーゲームものは、第一に、ツカミから盛り上げやすい。その後も各イベントごとに短時間に予想外の展開がつくりやすい。そして、刺激を与えやすい。いきなり人を殺したり奴隷にしたりと、登場人物たちに激情を持たせやすく、読者にもインパクトが与えやすい。

第二に、連載形式にしやすく、連載にしてもダレにくい。『王様ゲーム』ならひとつの命令ごとに、『奴隷区』なら奴隷になるかどうかをかけた一勝負ごとに描ける。『復讐教室』では、いじめられっ子だった主人公が復讐のためにクラスメイトを一人ずつ標的にして狩っていく。その都度ツカミとなるコンフリクトが用意され、感情が渦巻き、結果が出て、次の展開への「引き」で終えられる。これは作り手側としては話を作りやすい（オチをぜんぶ決めていなくても、考えながら作りやすい）し、受け手側も複雑な展開を追うのではなくひとつのシチュエーションを覚えておけばいいので、読みやすい。

一般的なミステリでは連続殺人事件が起こったとしても、主人公の探偵や刑事、あるいはその身近なシリーズキャラクターが死ぬかもしれないとは、ほとんど誰も思わない（そういう作品もあるが）。主人公にとって生死は距離の遠い他人事でしかなく、自分の感情が振れることは少ない。すると読む側にも緊張感はなくなってしまう。

『王様ゲーム』では一作目から主人公のヒロインや親友が死ぬ。あるいは『奴隷区』は多視点ものにしていて、一章ごとに語り手が変わる。この形式だと、誰が奴隷になるかわからない。序盤で主人公のような扱いのキャラも奴隷になり、痛苦を強いられる展開もある。感情を揺さぶるという点では、こちらの方がいい（やはり多視点で進む湊かなえのエグい作品が人気な理由とも通じているだろう）。

ウェブ小説で人気のジャンルは、ホラーかファンタジーか恋愛ものである。これらはいずれも「プロセスを楽しむ」というウェブ小説の連載（運用型コンテンツ）に向いている。ホラーなら連続した緊迫感の演出によって高密度の感情の振れ幅を作りやすい。ファンタジーは居心地のよい逃避的な時間も作りやすいし、活劇による刺激も作りやすい。恋愛ものは、ちょっとしたことでお互いに誤解をさせたり、距離が近づいたり離れたりするイベントを用意して、喜びと悲しみの起伏をつくりやすい。逆に、オチやクライマックスのどんでん返しこそが最重要であり、そのために逆算して伏線を仕込んで……というタイプの作品（たとえば謎解き要素の強いミステリなど）はウェブ小説には向いていない。中だるみが強いられるジャンル、ダレ場がどうしても必要になるジャンルは運用型コンテンツには向かないのだ。

＊

ウェブ小説の書き手の文化的想像力は、ＤＶＤレンタルやゲーム、書店が複合するＴＳＵＴＡＹＡやＧＥＯ、イオンモールとスマホを通じて形成されている。ウェブ小説は、日本の大衆の文化レベルを、素直に反映している。

さて、ここで、ウェブ小説書籍化のキープレイヤーである書店の話をさしはさみたい。

昨今やはりレーベルが増え、刊行点数が増している版元発の「ライト文芸」「キャラ文芸」とウェブ小説書籍化作品の決定的なちがいを見るためである。

第五部
書店と版元とウェブコンテンツと読者との複雑な関係

8 書店が四六判ソフトカバーの「広義のラノベ」のなかでもウェブ小説書籍化を歓迎した理由

二〇〇〇年代には「ライトノベル」と言えば、電撃文庫やMF文庫Jなどから刊行される、マンガ・アニメ的なキャラクターが表紙に描かれた、一〇代男性向けの小説を主に指していた。

それが二〇一〇年代に入ると、「なろう」書籍化をはじめ、判型も対象年齢も異なる作品も「ラノベ」にくくられるようになってきた。

ここでは、電撃文庫などから刊行される「狭義のラノベ」と、「なろう」書籍化、版元発（非ウェブ発）の「大人向けラノベ」＝「ライト文芸」「キャラ文芸」、そして「ボカロ小説」など――「広義のラノベ」との違いを整理していく。

一見同じようなガワをして書店で売られている版元発の「キャラ文芸」と、ウェブ発の「なろう」書籍化作品ではビジネスモデルが異なること、キャラ文芸は商売としてお話にならないことを示していく。

ラノベの現状——文庫本市場の二割を占めるも低調な半面単行本は伸び調子

『出版月報』(出版科学研究所)二〇一五年三月号によれば文庫本市場におけるラノベの年間売上金額は二〇一三年は二五〇億円、一四年は二二五億円。

統計が出始めた二〇〇四年以降、右肩上がりをつづけてきたラノベ文庫本市場は、二〇一二年の二八四億円をピークにシュリンクしている。二〇一三年、一四年は前年度比一〇%以上と大幅に落ち込んだ。

もっとも文庫本全体におけるシェア率は一八・五%。文庫売上の五冊に一冊はラノベである。そもそも日本の小説市場は年間一三〇〇億〜一四〇〇億円ていどと推察されることを思えば、十分すぎる規模だと言える。

すわ「ラノベも終わったな」と言いたくなるかもしれない。

だがこれは「紙」の「文庫本」市場が縮小したにすぎない。

電子書籍や、単行本サイズで刊行される(広義の)ライトノベルは、二〇一〇年代に入ってから伸長している。それを込みで考えれば、ライトノベルの勢いが衰えたとは言えない——紙の文庫本市場におけるライトノベルは、規模を小さくしていくのかもしれないが。

まず電子書籍について見ていこう。今日では、ラノベの新刊(電撃文庫をのぞけば)はほとんどKindleをはじめとする電子書籍で購入することが可能になった。だが、iPadが登場し、日本語対応したKindleが発売された二〇一〇年ころまでは、各社ともにいちおうガラケー用の電子書籍を販売していたものの、本腰を入れてやってはいなかった。今では考えられないことである。

たとえばKADOKAWAグループ（当時、現カドカワ）は二〇一二年度の電子書籍売り上げは約二四億円で、ラノベは売上全体の五〇％超だと報じられた（http://ebook.itmedia.co.jp/ebook/articles/1304/25/news086.html）。

さらに二〇一三年度は、電子書籍配信サイト「BookWalker」の売上が前年比3倍とも公表している（http://www.animeanime.biz/archives/19854）。

ラノベの占有率が変わっていないとすれば、KADOKAWAのラノベ電書の売上は、二〇一二年の一二億円から、一三年には三六億円と、二四億円も増えていることになる（IR〔投資家向け広報〕の方針が変わったからか、それ以降は電子書籍に関する数字を公表していない）。

KADOKAWA以外にもソフトバンククリエイティブ、講談社、小学館なども二〇一二年から一三年にかけてアニメ化された人気シリーズを電子でも配信するようになり、売上が増加している。これらを勘案すれば、紙のラノベ文庫本市場が二八四億円から二二五億円へと減った分の多くは、電子書籍の伸びで相殺されていると考えていいだろう。

電子書籍の方が紙の文庫本より単価が安いことが多い点を思えば、冊数ベースでの売上は増加しているとすら思われる。

とはいえ、いまだに紙の本の売上ベースで意思決定をしているラノベ業界の人間たちからすれば、この激減ぶりと読者の平均年齢の上昇（もはや二〇代が中心購買層の作品／レーベルも少なくない）、言いかえれば新規で購買する層の減少には危機意識を持っているのが現状だ——が、ここでは狭義のラノベの話をしたいわけではない。

それと入れ替わるように伸びてきたのが、文庫ではなくソフトカバー単行本で刊行される「なろう」書籍化作品をはじめとする、「広義のラノベ」である。

初速がよく回転率が良く利幅がそこそこいい商材を望む書店

書店から見て「なろう」書籍化作品は何がありがたかったのか。

書店の日銭を回すことに貢献してきた雑誌が凋落するなか、平たくいえば
①初速がよい
②回転率が良い
③利幅が大きい
商材（本）が求められている。

そんな昨今、一般の文芸書は初速が遅く回転率が悪い、頭を悩ませる存在と化している。

しかしラノベは発売日から一～二週間でほとんどの売上を作り、シリーズの刊行ペースも三、

四カ月に一冊。新刊が出ると既刊もはけるため、回転率も悪くない。

文庫のラノベと比較的似たような購買パターンを持つ「なろう」書籍化単行本は、そのうえ単価一〇〇〇円以上でシリーズ数冊をまとめ買いする顧客も多く、利幅も小さくない、ウェブで書きためてから刊行スタートするので刊行ペースも既存の文庫ラノベより速いことが多いことが、書店にはありがたい。

これにより、落ち目となっていたノベルスやハードカバーの文芸の棚を減らし、ソフトカバーで刊行される単行本の棚を増やした。

さて、メディアではいっしょくたにされがちなラノベ（「広義のラノベ」）は、出自も購買層も商材としての特徴も異なることは時折触れてきたが、改めて整理しておこう。

広義のラノベ①ウェブ小説書籍化

まず、ここまで紹介してきた「小説家になろう」書籍化単行本である。くりかえしになるが、こちらの購買層は男性向けでは三〇代をボリュームゾーンとして二〇代後半〜四〇代までに集中。「狭義のラノベ」と「なろう系」の読者層は重なっていない。併売率も狭義のラノベより一般文芸の方が高い。よってラノベ文庫本の近くにラノベ単行本を置くのではなく、一般文芸棚にさすか隣に置く方が売上が伸びることが、多くの書店で確認されている。

また、女性向けでは、「なろう」や、アルファポリスが自社で運営する小説投稿サイトで人気になったロマンス小説が刊行されている。ジャンルとしては現代もの、異世界ファンタジー、TL（ティーンズラブ＝女性向けソフトポルノ）など多様で、二〇代～五〇代までに支持されている。これらはひとつの作品が幅広い世代に読まれているというより、二〇代の書き手が書いたものは二〇代の読者が読む、といったように、書き手と読み手の世代が合致する作品が世代ごとに存在していると考えた方が正しい。

まだ書籍化される数自体が少なかったころは展開するための棚がなく、コミックス側に置くか文芸側に置くかで多くの書店で議論があった。書店ではコミックスの担当者と文芸の担当者は別であることが多く、どちらに売上が付くかによって書店員の評価・報酬にまで響く。コミックス側としては需要や問合せが多いためそちらの棚に置きたいが、コミックスやラノベの棚は一段ごとの高さが低く、四六判やB6判ではそもそも本が入らない。文芸側は、売上は欲しいが、はたして既存顧客との親和性はあるのか、年配の客が敬遠するのでは、という声が上がっていた。結果は文芸棚に置くことが「正解」だった。

たとえばCCCのブック取扱店ではウェブ小説系の売上は二〇一一年以降から伸び始め、一三年七月には全店で展開することを決定。それまで店舗ごとに配本位置もバラバラだったが、データ分析の結果、一般文芸（国内文芸書）の売り場に陳列するべきと判断している。CCCでは、人気シリーズが店舗の棚からごっそり抜けることを防ぐため、本来あるべき在庫を過去実績から分析し、本部側で版元に対して定期的に発注して売り場を最適化しているという。

広義のラノベ②ボカロ小説、フリゲのノベライズ

ここ数年台頭してきた広義のラノベは「なろう」系以外にもある。ニコニコ動画やYouTubeといった動画サイトで人気のコンテンツを小説化した本が一〇代〜二〇代（の主に女性）にウケている――詳しくは、のちの章で紹介する。

『悪ノ娘』や『カゲロウデイズ』のようにボーカロイドを使った人気楽曲を物語化したボカロ小説や、ゲームをおしゃべりしながらプレイする「ゲーム実況」動画をきっかけに人気に火がついたフリーゲーム（無料でプレイできるPC用ゲーム）を小説化した『青鬼』や『ゆめにっき』『霧雨が降る森』などである。

物語内容的には若年層女子が好む残酷な悲劇や悲恋、ホラーなどが多く、明るく楽しい作品が人気である男性向け「狭義のラノベ」とは異なっている。

こちらは中高大学生が主たる購買層でお小遣いも情報源も潤沢ではないので、「なろう」系より初速は遅い。ただ『青鬼』は実写映画化され本もシリーズ累計四〇万部、『カゲロウデイズ』は累計二五〇万部を突破するなど、映像化した際の伸びは大きい。

一時は「出せば売れる」状況だったが二〇一四年以降は一冊あたりの売上は急激に落ちてきた。このこともあとで考察する。

広義のラノベ③ライト文芸、キャラ文芸

書店で実際に使われている区分とは違うが、概念的に整理しやすくするため、ここでは一般文芸を手がける版元や、その版元の文芸セクションが刊行しているイラスト表紙の小説を「ライト文芸」「キャラ文芸」「ラノベ文芸」として扱う（細かい話だが、版元の組織図的に言うと「狭義のラノベ」はコミックの部署の一部門で作られ、文芸の部署とは文化も人材も別なことが多い）。

簡単に言えば、ラノベ新人賞デビューながら一般文芸としてヒットした有川浩やメディアワークス文庫『ビブリア古書堂の事件手帖』が当たったのでそれに追随し、『万能鑑定士Q』シリーズなどを擁する角川文庫を筆頭に、二〇一四年から新潮文庫ｎｅｘ、富士見L文庫、集英社オレンジ文庫など各社参入が相次いだ。

さらに分類すると「九〇年代後半から二〇〇〇年代にかけて『狭義のラノベ』ジャンルでヒット作を出したがその後のラノベの傾向とは作風が合わなくなった中堅作家の受け皿」としての二〇代〜三〇代男女向けラノベ文芸と、団塊世代に次いで人口が多い＝マーケットが大きい「団塊ジュニア女性向けの軽い小説」（コバルト文庫などの少女小説全盛期に直撃した四〇代女性向け）がある。ただ、同じレーベルで前者も後者も出している場合も多い。

これらは、文芸とラノベの中間を狙ったレーベルである。

二〇〇〇年代に講談社の「ファウスト」や早川書房の「リアル・フィクション」、有川浩が登場した前後のアスキー・メディアワークスがやっていたことと本質は同じだ。それらを女性向けにややシフトさせただけで、既視感を禁じ得ない（辰巳出版など、男性向けの大人ラノベレーベルも登場したが、同様）。周回遅れだが、周回遅れゆえに作家の人選は手堅い。

また、『ビブリア』ヒットと前後して、角川文庫を中心に「ライトミステリー」なるものが可視化されてきた。代表格は（「エブリスタ」発である）太田紫織『櫻子さんの足下には死体が埋まっている』だが、イラストを表紙にして、三〇代〜四〇代女性を中心に支持されている。私が角川文庫の編集者に取材したさいには「コバルト文庫全盛期に読者だったひとたち（団塊ジュニアの女性）がちょうど四〇代なので、そういうイラストが表紙でも抵抗がないひとたちが買っているのではないか」と言っていた。

個人的にはこうした「ラノベの卒業生」「少女小説の卒業生」向けの新レーベルにはあたらしさも可能性も感じない。

なぜ三〇代〜四〇代女性向けのレーベルやサブレーベルばかりが増えるのか。POSで見ると、（狭義のラノベ以外の）小説をもっとも買っているのはその層だからである。団塊ジュニアは団塊世代と並んで日本の全世代のなかでも人口が多く、かつ、男性より女性の方が小説を読む。冊数ベースで見れば四〇代女性が小説をよく買っているように見えるのは、当たり前だ。紀伊國屋 PubLine なり日販 www. なりで本の売れ行きをチェックしていれば誰でも気がつく。そこに球を投げているだけだ。

しかし、個別の作品・作家単位では興味深いものも少なくないが、ビジネスとして見たときには、やる前から勝負はついている。

この層向けでもっとも成功しているのも、F2P小説の雄・アルファポリスなのだ。アルファが刊行する女性向けのウェブ小説書籍化の多くは、一般文芸の単行本より堅調な数字を叩き出している。

小説のクオリティや企画のレベル云々以前に、ビジネスモデルの段階で「ウェブ小説書籍化」と既成出版社発の「ライト文芸」では、勝負になりようがない。

ウェブファーストvs.アナログファーストの戦いでは、コスト面で紙発はウェブ発に勝ちようがない。

またこれは、ウェブで読者を巻きこんで企画の商業性を判断するユーザー・オリエンテッドなしくみと、書籍出版に際して著者と編集者だけで企画の商業性を判断するしくみの「ヒットの打率」の戦いでもある。

経済合理的に考えて後者が勝つ見込みは、ない。

いずれにしても、書店は、文芸の売上低下を食い止めるウェブ小説書籍化を基本的に歓迎している。

そしてさらに売り伸ばすために、出版社や取次会社に対して、ウェブ小説書籍化作品の「取次コードによるカテゴリーの独立」、「何かウェブ小説だとわかる共通のしるし」、「版元横断の月間ランキング」を望んでいる。

ウェブ小説は、現状ではカテゴリーとして独立していない。書店の中の扱いは、Cコード分類もしくは取次が決定する部門（トーハンならTSBコード）に従って決定される。だからなかば自動的にB6判や四六判のものは文芸書、文庫サイズは文庫（ラノベ）として販売されることになる。つまり、同じ「小説家になろう」発で書籍化されたものでも、本のサイズによって売場が異なり、すると必然的に違うスタッフが担当することになる。

しかもそんななか、どうしても担当者レベルでの知識や判断に頼らざるをえない部分が大きい。

カテゴリーが独立し、版元横断ランキングができれば、現場スタッフにも来客者にも効率的に情報が伝わり、扱いやすくなるようになるだろう。

リアル書店は実体的に存在するモノ（本）を扱っている以上、アナログの世界であり、ウェブプラットフォームほど導線を効率化することはできない。しかし、書店に至る以前に版元や取次レベルで本の仕分け、棚への振り分けを購買者の実態に即して改善することはまだまだ可能だと思われる。

書店で見た本を入り口にウェブ小説サイトの存在を知る可能性も少なくないことを思えば、書店とウェブプラットフォームを連動させたプロモーション施策や、互いに持っている情報を環流させるしくみづくりも有効だろう。流通上の協業が、期待される。

もっとも、そうしてなお残る問題もある。前述したが、ウェブ小説（とくに「なろう」系）

は「作品」のファンはつくが、「作家」のファンになりにくい。ラノベもそうだったが、それ以上かもしれない。つまり、あるヒット作を書いた作家の次の作品がウェブでも紙でも人気が出ないことがままある。一般文芸ではあるていど通用する、作家の過去の成績から版元は部決し、書店は仕入れ数を決めるやり方が機能しない。これについての解決法はまだ見つかっていない。

9 「ラノベでホラー」は鬼門だったのにホラー系フリーゲームのノベライズがうまくいったのはなぜか

もうひとつ、書店と版元とウェブコンテンツと読者との関係を見るうえで、重要な事例がある。

フリーゲームのノベライズである。

ウェブ発の小説を紙の本にするときに、ネックになるものがある。

チャネル（書店）に対する施策である。書店のどこの棚に配本されるようにすればいいのか。既存の本の隣に置いてもらうとして、それはどこにすればいいのか。あるいは、そのジャンルに詳しくない書店員が見たら既成の紙発の書籍と同じようなものに見えるが、中身もターゲット顧客も異なる場合には、どうすればうまくいくのか。

そのケーススタディが、フリーゲームのノベライズなのだ。

これの何が画期的だったのか。

従来、狭義のライトノベルではホラーはバトルものやラブコメに比べて売れにくく、アニメ化されることもない、鬼門ジャンルだった。

にもかかわらず、『青鬼』をはじめ、ウェブで人気のホラー系フリーゲームをノベライズした本（ライトノベルのようにイラストを表紙にした小説）は、数字がそれなりに出る新興ジャンルになった。

それまで売れないと思われていた若年層向けのラノベ系ホラーにヒットが出た。

これはなぜなのか。

顧客像を具体的に、リアルにつかむことは重要である。しかし、考えなければいけない点はユーザーのニーズだけではない。

どんなふうに流通させ、届けるかというチャネル戦略も必要だ。

たとえば五〇代の男性が書店でよく行く棚と、一〇代の男性が書店でよく行く棚は、違う。ネットでの書籍の購買行動も、年齢、性別、趣味嗜好などによって違う。ミステリーでも時代小説でもいいが、中高年向けを手がけてきた版元なり著者が、若年層向けにターゲットを変えて作品を提供しようとした場合、本文の中身や装丁だけでなく、書店にどう配本されてどういう場所に置かれればベストなのかも、考えなければいけない。

大半の場合、いち作家や現場のいち編集者に、一冊の本が陳列される場所を変える権限はない。たとえばラノベ作家が哲学ネタの新作小説を書いて「これは思想書のコーナーに置いたら売れる！」と主張したところで、九割がた、版元の編集や営業にはスルーされる。運良く出版社のなかでは合意が得られても、取次や書店の現場では一冊一冊を見ていられない。そのままラノベコーナーに置かれ、埋もれる。

クリエイターと編集者と営業が製販一体になって仕掛けなければ、効果的なチャネル戦略の実行はできない。ルーチンで新刊の平台づくりや棚差しを行っているようなバイトの書店員が作業しても機能するような施策を行わないことには、小売りの現場では通用しない。

新ジャンルまたは新カテゴリとみなされ、認知されていく成功例の多くは、三つの点をおさえている。

ターゲット×コンテンツ×チャネルの三点である（図8）。

まず、ターゲットとする顧客像／顧客ニーズをガッチリつかんでいる。

次に、内容に新奇性やきわだった特徴がある。重要なのは、顧客ニーズを満たすという大事な部分において差別化がされていることだ。奇をてらえばいいわけではない。

そして、想定顧客がアクセスしやすく、商品を見たときに欲しいと思いやすい、流通・小売りに関わる「チャネル」の選択がなされている。

ターゲティング、作品づくり、販売戦略。この三つの施策が、ひとつでもズレていれば、当たる確率は格段に下がる。

「いままでにない作品をつくってやる！」という試みが悲惨な売上に終わる場合の、よくある理由はこうだ。

ひとつには、内容的にはあたらしいかもしれないが「誰得？」と突っ込みたくなるような顧客不在のひとりよがりな作品であること。言いかえれば、ニーズがない作品をつくってしまった場合。

もうひとつは、顧客ニーズを踏まえて作品づくりをしたにもかかわらず、想定顧客に届くような売り方ができなかった場合。プロモーションおよび販売施策における失敗だ。

そもそも、顧客ニーズの把握とそれに合致した作品づくりをする、というだけでむずかしい。ほとんどのクリエイターは、自分がつくりたいものをつくるのであって、他人が見たいと思っているものをつくりたいわけではない。心底「売れたい！」と思っていても、客が求めるものがわからない、あるいは「わかってもつくれない」こともざらだ。

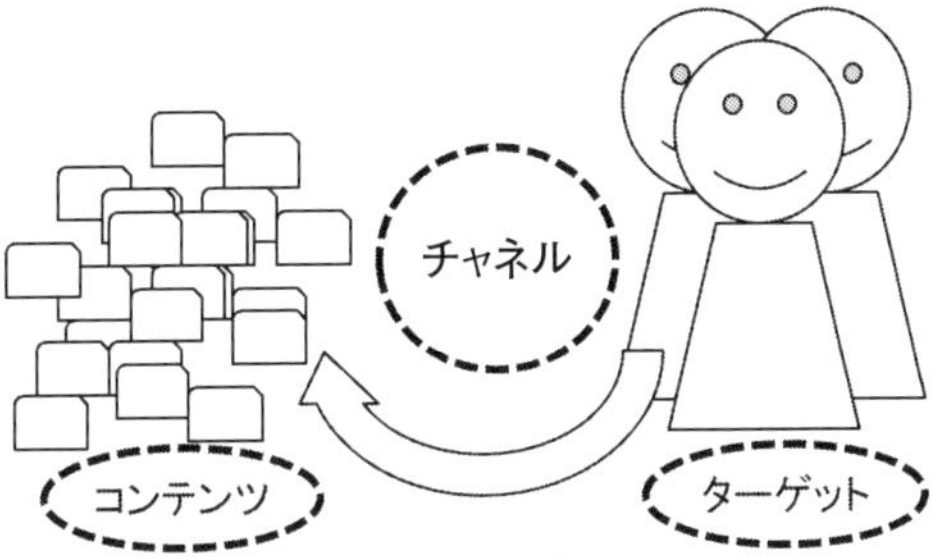

図8　ターゲット×コンテンツ×チャネル
作品（コンテンツ）と受け手（ターゲット）を媒介、マッチングするのが、書店やサイトといったチャネルである。革命的な作品を作ったとしても、それを革命的だと思ってくれるターゲット顧客に届かなければ意味がない。革命的だと思うターゲット顧客がいたとしても、流通やプロモーションに失敗した結果、その作品を流通させているチャネルにアクセスしてもらえなかったり、あるいはチャネル内で選ばれなければ、やはり届かない。さらに各チャネルは、ターゲットに合わせてゾーニングをしたり、コンテンツに対して性や暴力、ポリティカルコレクトネスに関する表現規制を行う。したがって、作品づくりは、どんな人向けに、どんな特性をもった流通経路が選べるのか、ということを抜きに考えられない。

そこにさらにチャネル攻略という大きな変数が加わる。だから「まったくあたらしい○○」を成功させるのは至難のわざなのだ。

＊

それでもここ数年のあいだに成功をおさめ、あたらしいカテゴリを形成したジャンルがフリーゲームのノベライズであり、ウェブ小説である。ここではフリーゲームのノベライズについて考えてみよう。

フリーゲームとは？
タダでプレイできるインディー・ゲーム（自作ゲーム）

このジャンルに疎い方にとっては前提知識が必要な話をしてしまったので、ひとつずつ説明していこう。

そもそもフリーゲームとは何か。主にPCでプレイできる、フリー（タダ）のゲームのことだ。その多くは、大手ゲーム会社の手によるものではない。個人や同人サークルがつくったアクションゲームやRPG、アドベンチャーゲーム、ノベルゲームである。インディー・ゲームあるいは自作ゲームとも呼ばれている（それぞれの用語によって含まれる範囲が違うが、ここでは細かい分類には立ち入らない）。フリゲは、二〇〇〇年代後半以降、ニコニコ動画やYouTubeのような動画投稿サイトで「ゲーム実況」が隆盛するのに伴い、広範な注目を集めるようになった。

ゲーム実況とは？
ゲームしながらしゃべる動画が爆発的に視聴されている

ゲーム実況とは、文字通り、プレイヤーが実況中継するようなかたちでしゃべりながらゲームをプレイする動画である。「プレイ動画」とも呼ばれる。また、プレイヤーによる実況ではなく、音声読み上げソフト「SofTalk」を使って棒読みの機械音声で実況〝風〟に編集した（「東方Project」の二次創作から生まれた「ゆっくり」というキャラクターに読み上げさせたという体裁の）動画も多数存在する。こちらは厳密には「実況」ではないが、これもまとめて「ゲーム実況」と扱われている。

どれくらい人気なのか？　たとえばゲーム実況は、二〇一五年現在、ニコニコ動画で再生数、投稿数ともに最大のジャンルとなっている（二〇一〇年代を通じて、勢いは増すばかりで、衰えたことはないはずだ）。また、「ユーチューバー」と呼ばれる海外のトッププレイヤーは、年間数百万ドルの収入を得るほど人気を集めている。日本でも動画が投稿されると数十万から数百万回再生されるスター的な実況主――たとえばYouTubeならHIKAKINやマックスむらい、はじめしゃちょー、ニコ動ならM.S.SProjectやキヨ、アブ、レトルト――が誕生した。MSSP関連本は、出るたびAmazonランキング総合一位になり、新時代のスターと言っていい存在だった。

二〇一〇年代に入り、ゲーム実況が持つプロモーション力は無視できないほど大きくなった。『マインクラフト』や『グランド・セフト・オート』といったゲームは、もともと人気が高かったものの、プレイ動画の盛り上がりを受けてさらに新規でゲームを始めるひとが無数に生まれた。こうした力をゲーム業界も認識するようになり、公式にプレイ動画の投稿を許可する動きが加速している。また、Amazonが動画配信サイトTwitchを買収するなど、実況動画が及ぼす経済効果に注目する流れは、ビジネス界でも強まっている。任天堂が二〇一五年に発売したWii U用ソフト『スプラトゥーン』や『スーパーマリオメーカー』は、実況での盛り上がりを見込んで発売されたものだった――ソフトづくりにも実況文化は影響を与えている。

ゲーム実況で人気になるものは、必ずしも大手メーカーが発売している有料のゲームばかりではない。日本ではフリーゲーム／自作ゲーム、海外ではインディー・ゲームと呼ばれるような、タダ（もしくは少額）でプレイできるゲームも無数にある。また、YouTubeを中心に、「基本無料」でプレイできるスマホ向けゲーム、それもストーリー性がほとんどないパズルゲームの実況も人気がある。

問われるのは「動画としておもしろいかどうか」である。プレイ対象となるのが有料のゲーム、人気のゲームであっても、〝動画映え〟しなければゲーム実況では注目されない。

〝動画映え〟するゲームの典型がホラーでありフリゲは気楽な点がさらに良かった

「〝動画映え〟する」という点で二〇〇〇年代後半から二〇一〇年代初頭にかけて定番化したのが、ホラーゲームの実況である。

もっとも、ゲーム実況が「著作権違反のアンダーグラウンドな存在」から、「ゲーム業界と実況主がお互いを利用しあう公然のもの」になってきた二〇一四年ころから、大手ゲームメーカーからリリースされる著名ゲームに実況する題材が集中するようになってしまい、フリゲ実況は下火になってきた。猫も杓子も『マインクラフト』『スプラトゥーン』『スーパーマリオメーカー』を実況していたのが二〇一五年のニコ動における実況の風景だった。とはいえ、ここでは二〇一〇年代初頭からなかばにかけてのホラーゲーム実況ブームおよびそれのノベライズ人気とは何だったのか、出版業界にとってどんな示唆があるのかを考察する。

まずはノベライズもされている主要なホラーゲームのタイトルで検索した、動画再生数を並べてみよう。

『青鬼』＝YouTube：約５４０万、ニコ動：約５００万
『魔女の家』＝YouTube：約26万、ニコ動：約１００万
『いちろ少年忌憚』＝YouTube：約13万、ニコ動：約１２１万
『霧雨が降る森』＝YouTube：約10万、ニコ動：約90万、
『包丁さんのうわさ』＝YouTube：約10万、ニコ動：約50万
『シロノノロイ』＝YouTube：約６万、ニコ動：約42万
『獄都事変』＝YouTube：約14万、ニコ動：約69万

といった具合である。これは再生回数がトップの動画の再生数であり、ほかにも無数の実況主が動画をアップしている（つまり、各作品のプレイ動画の累計再生回数は、ここにあげたトップ

の動画の再生回数の何十倍〜何百倍かある）。こうしたゲームの認知度は、そこらのコンシューマゲームや小説の売上の数倍、数十倍ある――とくれば、その人気を利用し、小説化しようという動きが出るのも、自然なことだ。「なろう」をはじめとするウェブ小説書籍化と同じロジックである。

・ファン層はどのくらいのボリュームなのか？

私が採った例のアンケートの結果を見てみよう。
「好きなニコニコ動画のジャンル」に「ゲーム実況」を挙げた男子は全体の25％、女子は９％。「好きなゲーム」に「フリーゲーム」を挙げたのは男子９％、女子８％。

参考までに所有しているハードについては、男子は据え置きハード（ＰＳ３や４など）が24％、ポータブル機器（ニンテンドー３ＤＳやPSVitaなど）は58％、女子は据え置き14％、ポータブル43％だった。フリーゲームやゲーム実況が好きな一〇代は、一〇人にひとりくらい。アニメや漫画に比べればまだまだマイナーだが、好きだと言う人間が一クラスにつき二人〜四人もいると考えれば、趣味としては十分にポピュラーなものだ。

・ゲームシステムとストーリー上の特徴

フリーのホラーゲームの、中身はどんなものか。ゲームシステムとストーリーのパターンを紹介しよう。フリーのホラゲは大きくは二種類に分けられる。

「ＲＰＧツクール」でつくられた、簡単なアクション要素のあるアドベンチャーゲームと、小説形式で読んでいくノベルゲームである。

前者の代表的な作品が『青鬼』『Ｉｂ』『魔女の家』『霧雨が降る森』であり、後者の代表作が『包丁さんのうわさ』『奥様は惨殺少女』などである（余談ながら、ひとむかしまえならノベルゲーム＝美少女ゲーム＝エロゲだったのが、二〇一〇年代の一〇代にとってはノベルゲーム＝ホラーゲームだ。三〇代の私としては隔世の感がある）。

しかし、ゲームとしての骨格はいずれも似ている。

①主人公がなんらかの理由で閉鎖空間に閉じ込められる。館や夢の世界、夜の学校、美術館、魔女の家などから出られなくなる

②謎めいた閉鎖空間には主人公に身の危険が生じるようなトラップや化け物が存在しており、主人公は戦うか逃げるかしながら脱出をめざす。選択肢を間違うと、死ぬ

③脱出するには、閉鎖空間にしかけられた謎を解くことでカギや暗証番号を手に入れ、それまで開かなかった扉を開け、行けなかった場所へ赴き、次の謎に挑む——という作業を繰り返さなければならない。その過程で主人公は、たびたび驚くような、あるいは危険な状況に陥る

④最後にどんでん返しが用意されている。怖さがより深まることもあれば、感動がもたらされることもある

というものだ。

私がホラゲ好きの女子大学生二人組に取材していて、印象的だったことがある。「フリーゲームのどこが好きなの?」という問いに対し「かわいい女の子がマミられるのが好き」と答えたことだ(相方の方は「そうそう!」と)。「マミられる」は、アニメ『魔法少女まどか☆マギカ』の第三話で魔法少女の巴マミが魔女に惨殺されたことから生まれた言葉だが、ようするにあっさりぶっ殺されるということだ。メジャーなゲームや大半のTVアニメ、ハリウッド映画では、規制や倫理的な配慮から、女こどもが無残かつ無意味な殺され方をするシーンが直接的に描かれることは、あまりない。『まどマギ』や『進撃の巨人』はその例外であり、それゆえ若いひとたちが求めていた刺激を提供しえたとも言えるのかもしれない。

そしてフリーゲームには、メジャーなゲームの世界には存在している業界団体による倫理規定がない。自主規制がない。主人公の女こどもに包丁やギロチンが振ってきて刺殺・斬殺されたり、圧死したりすることはざらであり、カニバリズムが描かれることもある。プレイヤーや動画の視聴者の感情を否応なく引き出すドギツイ表現が描かれているのも、このジャンルの魅力なのだろう。ちなみにこの傾向は、やはり一〇代~二〇代女子に非常に人気が高いpixivに投稿されているマンガの一部にも見られる。pixivマンガでは女の子が好きそうなラブコメ(ふじた『ヲタクに恋は難しい』、音井れこ丸『おじさんとマシュマロ』など)、ネタ色の強いギャグマンガ(美影サカス『イマドキ☆エジプト神』など)、そしてカニバリズムを扱うといった、エグくて中二病が入った猟奇的で官能的な作品(〇はぎ『死にたがり少女と食人鬼さん』など)が人気だが、最後に挙げたタイプの作品は、女子に人気のフリーホラーゲームと通じる世界観が多い。

話を戻すが、フリーのホラーゲームを進める過程では、不可思議な閉鎖空間で、謎解きをしなければいけない。つまり「謎めいている」要素も強い。全編が幻想的な世界観ながら、ほとんど作中で何がどういう意味を持っているのかが説明されない『ゆめにっき』を極北に（『ゆめにっき』はホラーというよりダークファンタジーだが）、稀代の芸術家ゲルテナの作品／精神世界をさまよう『Ｉｂ』など、「謎めいている」＋「別世界」感が強いのが特徴だ。

そしてクライマックスに用意されているどんでん返しでは、恐怖から解放されてホッとするのみならず、怪異にまつわる切ない真相がわかり、悲しくも感動的な展開をする作品も多い。『いちろ少年忌憚』『霧雨が降る森』『奥様は惨殺少女』『包丁さんのうわさ』『シロノノロイ』などがそうだ。つまりただ怖いだけではなく、泣ける終わり方をする。

くわえて、ゲーム実況では、実況主がゲームをしながらビビったり、ゲーム内容にボケたり突っ込んだりすることでもたらされる「楽しさ」がある。その楽しさは、ゲームそのものにあるのではなく、プレイしている動画だからこそ加わっているおもしろさだ。恐怖にしても、ビビりのプレイヤーであればあるほど視聴者にも怖さが伝染してくる（たとえば「ホラーゲーム【いちろ少年忌憚】を初実況プレイ　第24回」https://www.youtube.com/watch?v=YmCZ_CFT3v4を見てみてほしい）。

本気で怖がるプレイヤーや、ストーリーに衝撃を受けて泣き出すプレイヤーを込みでゲームの動画を見ると、自分がひとりでプレイしていたらここまで情動／感情が喚起されなかっただろうなと思うことも、しばしばある。

つまり、プレイ中の感情の流れとしては「恐怖」と「謎めいている」を基調にしながら最後に「喜び」や「哀しみ」が来る——入り口は怖くて出口は感動——というものだ。そこに、実況者の存在によって、「楽しさ」がプラスされ、また、恐怖や感動も増幅されて伝わってくる娯楽が、ホラーゲームの実況動画である。

ゲーム実況で映えるホラーゲームに求められているものは、「エブリスタ」のデスゲームもの同様に、すれっからしのホラーマニアが求めるようなホラーではない。わかりやすくキャッチーな「こわい＋感動」である。

「ストーリー構成はラノベより山田悠介に近い」が「ラノベ読者との親和性が高い」の謎

さて、このひとたちはどういう小説が好きなのか？

ホラーゲームということで、一〇代向けのホラーを書いている山田悠介の読者との親和性を見てみよう（図9）。

ゲーム実況好きのうち山田悠介好きは18％。内訳は男0％（！）、女36％。

フリーゲーム好きのうち山田悠介好きは19％。男10％、女27％。

逆に山田悠介好きでゲーム実況好きは16％（男0％、女24％）、フリゲ好きは13％（男10％、

ゲーム実況好きのうち…	山田悠介好きのうち…	ラノベ好きのうち…
山田悠介好きは18% ラノベ好きは51%！	ゲーム実況好きは16% フリゲ好きは13%	山田悠介好きは16% ゲーム実況好きは39%！

図9　ゲーム実況好き、山田悠介好き、ラノベ好きの関係
ゲーム実況／フリゲ好きとラノベ好きは親和性が高い。しかしどちらも山田悠介とは親和性が低い。

女14%)。

男子はほとんどかぶっておらず、女子は四、五人にひとりは重なっている。

ではラノベとはどうか。

ゲーム実況好きのうちラノベ好きは男38%、女50%。フリゲ好きのうちラノベ好きは男60%、女64%。逆にラノベ好きのうちゲーム実況好きは男50%、女29%。ラノベ好きのうちフリゲ好きは男21%、女29%。

ゲーム実況／フリゲが好きなひとたちは、山田悠介よりもラノベと親和性がある。

ちなみにラノベ好きのうち山田悠介好きは男7%、女25%。山田悠介好きのうちラノベ好きは男20%、女29%。女子はともかく男子はそんなに重なっていない。

ということは、ゲーム実況やフリゲ好きに向けたホラーゲームのノベライズは、山田悠介的なものよりも、ラノベっぽいノリにした方が親しまれやすい、と言えそうだ。

しかし、ホラゲの「入り口は怖くて出口は感動」というストーリー展開(訴求点の配置の仕方)は、ライトノベルよりも、二〇〇〇年代半ば以降の山田悠介作品に近い。極限状態の閉所に追い込まれた主人公が、死を懸けて脱出をめざし、最後は涙を流すような真相が明らかになって終わる……ホラゲ

によく見られるこの構成は、山田悠介の作品とよく似ている。もちろん、これはホラーのパターンのひとつなわけだが。

けれども、フリーゲームやゲーム実況のファンは、山田悠介よりもライトノベルが好きなひとと重なっている率が多い。

さらにいえば、狭義のライトノベルではホラーはバトルものやラブコメに比べて売れにくく、アニメ化されることもない鬼門だった。

にもかかわらず、フリーのホラーゲームのノベライズは、ライトノベルのようにイラストを表紙にしている。そして、数字がそれなりに出る新興ジャンルになった。

どういうことなのか？

考えられる仮説をあげてみよう。

仮説①ホラーゲーム好きも山田悠介好きも、似たような「怖くて泣ける」ものが好きだった。しかし、ふだん触れているメディア／プラットフォームが両者では違い、書店でよく行く棚も違うから、お互いによく知らないか、興味を持たなかった。

仮説②ホラーラノベはおもに女子向けにつくらなければならなかったのだが、ホラゲノベライズ以前のホラーラノベは、ターゲット選択もコンテンツづくりもチャネル戦略も、そういうものになっていなかった。

山田悠介好きのうちラノベ好きは26％、ゲーム実況好きは16％。ゲーム実況好きのうち山田悠介好きの男子は０％、対して女子は36％もいる。ちなみにゲーム実況好きのうちラノベ好きは男子38％、女子50％。

これをどう解釈するか。

仮説①の根拠としては、山田悠介好きは実況をあまり観ていないらしい。ただ逆に、実況好きの女子の三人に一人くらいは山田悠介好き。ということは小説は読む。そしてラノベは山田悠介以上に読む。とすると、実況好き女子向けにラノベテイストなホラー小説をやればよかった。だが電撃文庫だとかファンタジア文庫のような、いちおう男の子向けを中心にしているところで女子向けのホラーラノベは出しにくい。出しにくいし、出しても気づかれず埋もれてしまうリスクがある。するとやってみても成績がかんばしくなかった（仮説②）。ニーズはあったが、適切に届ける手段が開発されていなかったがゆえに、ヒットはしなかった。

こういうことではないだろうか。

ちなみに、『読書世論調査２０１５年版』（毎日新聞社）ではラノベの読書体験についての調査結果が載っているが、一〇代後半の男性はライトノベルを「読んだことがある」32％、「知っているが、読んだことはない」23％、「知らないし、読んでいない」45％なのに対し、一〇代後半女性は「読んだことがある」41％、「知っているが読んだことはない」31％、「知らないし、読んでいない」26％。

つまり一〇代においては男子より女子の方がラノベを知っているし、読んでいる率が高い。しかし、一〇代女子向けラノベの供給は十分ではなかった。コバルト文庫やビーンズ文庫といった女性向けライトノベルレーベルから出る大半の作品は、いまや平均年齢が低いところで二〇代、多くは三〇代や四〇代女性が中核読者であって、ティーンが読む「少女小説」ではない（これは、それぞれのレーベルが最盛期だったころに付いた読者がそのままスライドして年をかさね、送り手側もそれに合わせてきたからである）。

一〇代女子のラノベ需要はあるのに、求めている作品を適切に届けることができていなかった。

――と、ここに来て、ようやくマクラで振っていた「ターゲット×コンテンツ×チャネル」の話に戻る。

なぜこれまでのホラーラノベはうまくいかなかったのか

TSUTAYAかGEOでDVDを借りようかな、と思ったとしよう。「恋愛コーナーから借りてきたのに、家で見てみたらホラーだった」という事態になったら、どうか？　物好きでないかぎりは、最悪な気持ちになる。「こういうジャンル、こういうカテゴリの作品ですよ」とアナウンスされているのに違う内容のものだったとしたら、ひとは怒る。

ラノベでホラーがむずかしかったのは、おそらくこのせいだった。電撃や富士見といったラノベレーベルで刊行されたヒット作品の大半は、バトルかラブコメである。

そこにホラーを混ぜ込むというのは、レンタルDVDのラブコメコーナーにホラーを配置するのと同じくらい、当たる確率が低い行為だった。

けれども一〇代にホラーもののニーズがないわけではなかった。むしろほかの年代と比べても、旺盛にある。恐怖研究では若者の方が怖いものに惹かれやすいことが、しばしば指摘されている。「学校の怪談」や林間学校やキャンプでの肝試しはあるけれど、「会社の怪談」はないし社員旅行で肝試しが定番化している会社は少数だろう。

事実、一般文芸コーナーでは一〇代向けホラーとして山田悠介や、「E★エブリスタ」発の金沢伸明『王様ゲーム』などが売れている。小学校高学年から中二までに熱烈な支持をうけている。ふだんはラノベを読んでいる中高生たちも（とくに女子は）、こわいものを拒絶しているわけではない。

ただ「明るく楽しいもの」を求めに赴くラノベコーナーに、こわさをウリにするものを置かれても「そういう気分じゃない」ので選ばれなかった——つまり、本質は書店でどう戦うかという、チャネル戦略の問題だった。コンテンツとターゲットをつなぐ、チャネルの問題だったのだ。

作品と読者ニーズの不幸なミスマッチを避けるには、適切なチャネルを選び、受け手に対してどんなカテゴリのものであるか（既存のあれやこれとは違うものであること）を的確に示さなければいけない。

ホラーゲームのノベライズのチャネル戦略は、どんなものだったか？

ＰＨＰ研究所は『悪ノ娘』シリーズをはじめ、四六判で出していたボカロ小説の流れでやはり四六判でゲームのノベライズを刊行し、『青鬼』や『ゆめにっき』『歪みの国のアリス』をヒットさせた。

二〇〇〇年代には男性向けラブコメに特化して売上を伸ばしてきたＭＦ文庫Ｊは、やはり『ミカグラ学園組曲』や『終焉ノ栞』といったボカロ小説の成功を受けて、ＭＦ文庫Ｊアペンドラインという一〇代女子向けのサブレーベルをつくり、そこから『シロノノロイ』のようなフリーのホラーゲームのノベライズも出している。『終焉ノ栞』はボカロ小説だが、まさに「ラノべっぽいキャラによるホラー」の成功例だ。

いずれも「ニコ動のユーザー向け」でありかつ「今までのラノベとは（近いけど）別物ですよ」ということがわかるようなパッケージングと販売戦略を選んでいる。

こうすることでやっと、「ラノべっぽいホラー」は、初めて適切に読者に届けることができた。

ラノベにもフリーゲーム（のノベライズ）にも詳しくないひとが見れば、どちらの本もパッと見ではイラストが表紙の小説だから、「何が違うの？」と思うだろう。新聞のようなマスメディアなどでは、狭義のラノベもフリゲのノベライズもウェブ小説もボカロ小説も「ラノベ」と扱われることも多い。しかし、作り手の意識としても受け手の意識としても、サブカテゴリは分かれている。

たとえて言えば、ビールという大枠はいっしょだが、ラガービールとエールビールと発泡酒とノンアルコールビールというサブカテゴリは、買い手の頭の中では分かれているのに近い。ビールの購買者には自然とわかるように、分かれるようにパッケージングされ、プロモーションがされ、売られている。

二〇一〇年代に入ってから、ラノベという大きなカテゴリの下に、フリーゲームのノベライズやボカロ小説、ネット上の小説投稿プラットフォーム「小説家になろう」掲載作品の書籍化（ウェブ小説）といったサブカテゴリが形成された。これらのサブカテゴリの作品は「ターゲット×コンテンツ×チャネル」が、二〇〇〇年代までのラノベとは異なる。受け手にとってのカテゴリ認識が「なろう」系と「フリゲノベライズ」と「狭義のラノベ」ではそれぞれに違う。別物なのだ。

特定のカテゴリのなかであたらしいことを仕掛けて成功させることは、難しい。

とくに成熟したマーケットでは勝ちパターンが決まっていて、その勝ちパターンを効率よく最大限満たすことができるプレイヤーが勝つ。二〇〇〇年代のラノベはこれだった。ターゲットは一〇代男子でニーズは「楽しい」「ネタになる」「刺さる」（くわしくは拙著『ベストセラー・ライトノベルのしくみ』を参照）。これらを満たせるバトルものかラブコメ作品をコンスタントに書ける人が勝つ。配本される棚も決まっていて、そこに来ないひと向けの作品をつくってもウケない。という状況だった。

しかし、あるカテゴリの横にあたらしいカテゴリをつくる。あるいは大きなカテゴリの下にサブカテゴリをつくることで顧客に「別物」と認識させることができれば、別の勝ちパターンを構築できる（くわしくはブランド論の大家であるデービッド・アーカーの『カテゴリー・イノベーション』や、ハーバードビジネススクール教授ヤンミ・ムンの『ビジネスで一番、大切なこと　消費者のこころを学ぶ授業』を参照）。

そして、今までのものとは違うカテゴリのものだと認識させるには、「今までとはターゲットが違う」と示し、「中身（コンテンツ）も違う」と示し、作品が流通している「売り場（チャネル）での扱いも違いますよ」と示さないと伝わりにくい（図10）。


ここではフリーゲームノベライズの事例を紹介したが、「なろう」系をはじめとするウェブ小説書籍化も同様である。文庫で展開される「狭義のラノベ」とは別物で、違うターゲットに向けてのものであるということを書店において示すために、パッケージを変え、配本される棚を変えるといった、さまざまな施策を版元は行ってきた（図11）。

その結果、本来ターゲットではない層に買われて不評をこうむる事態は少なくなり、書店におけるウェブ小説書籍化の隆盛がもたらされた。


さて、本章ではフリーゲームのノベライズという事例を紹介したが、次章以降は、「なろ

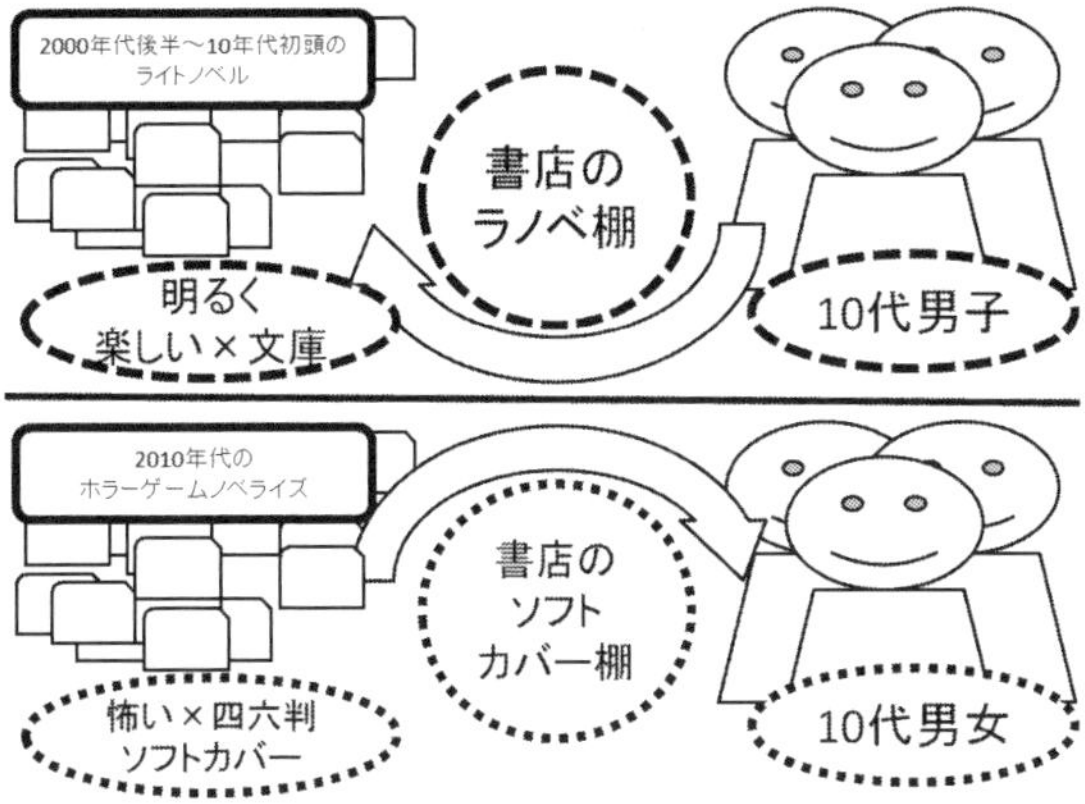

図10　ラノベとフリゲノベライズのターゲット×コンテンツ×チャネルのちがい
ラノベと「同じ売場に同じ判型」ではなく隣接しているが「違う売場に違う判型」で展開。これにより顧客に「別物」（別の価値を訴求した作品）として受け入れられた。

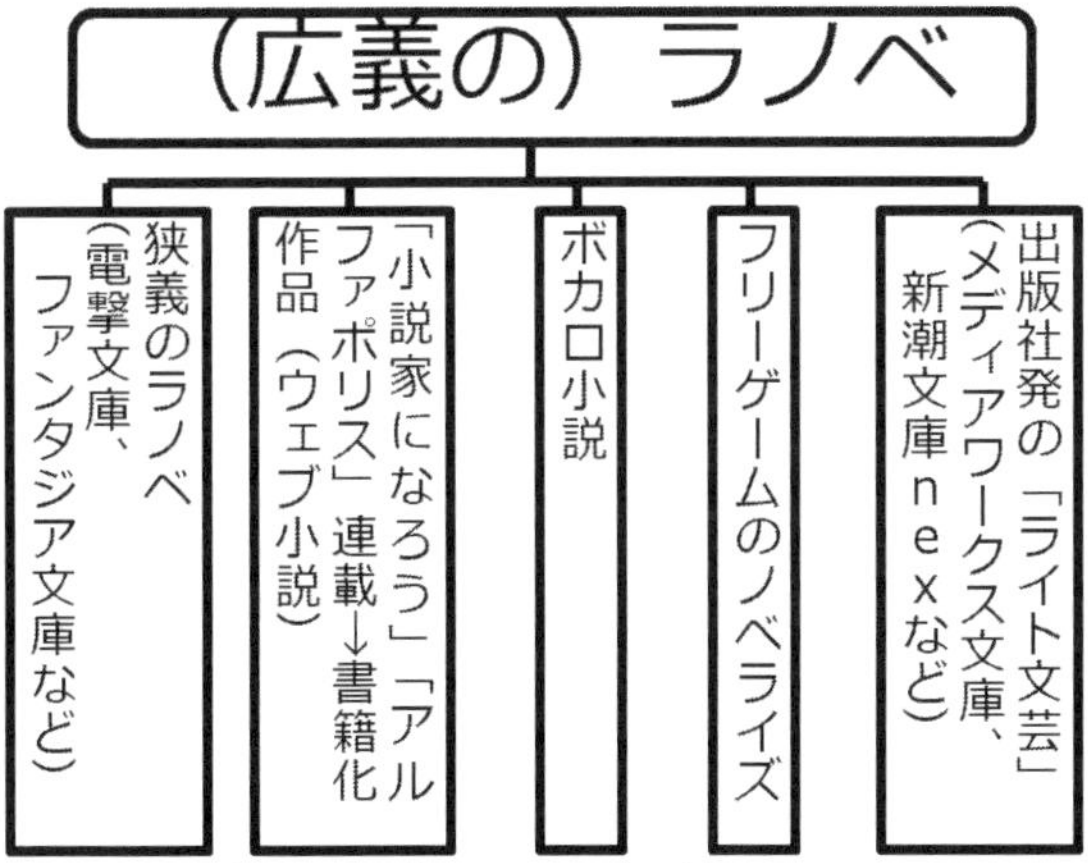

図11　2010年代における「ライトノベル」の拡張
狭い意味（従来的な用法）では「ラノベ」は電撃文庫やファンタジア文庫などから出ている作品を指すが、2010年代に入り隣接ジャンルが増え、ターゲットも母体となるプラットフォームも多様化した。よって広い意味での「ラノベ」はこれらすべてを含むものとして使われている。しかしそれぞれ、適切なユーザーに適切な作品を、適切なプラットフォームを通じて届けるために、「サブカテゴリ」を作り、狭義のラノベとは違うものとして認知させてきたのだ。

う」や「エブリスタ」以外からの「ウェブコンテンツの小説化／書籍化」の動きについて見ていこう。

第六部
オルタナティブ

ここまでの議論を整理する（図12）。

まず、ミドルメディア（作家／作品の育成とプロモーション媒体）としての雑誌の凋落もあって、書籍文芸は苦境に陥り、出版社の新人育成機能が不全になった。

そこに、ウェブの小説投稿プラットフォームが隆盛してきた。

それらのウェブプラットフォームは、出版社が失ったR＆D機能を補うようになった。アナログな「編集者の勘」「書店員の勘」だけに頼らず、テクノロジーの力を借りた作品と読者のマッチングがウェブ上でなされることによって、今までは「そんなの売れっこない」と思われてきたタイプの小説に実は需要があることが発見されていった。これは多くの書き手にとっても、読み手にとっても幸福な事態だった。

ただし、ウェブコンテンツに人々が求めるものは、紙の小説に人々が求めていたものとは異なる部分もある。紙の雑誌からスマホをベースにした消費行動というメディア／デバイスの変化によって、作品内容にも変化が起こっていることを、「なろう」「エブリスタ」などを題材に

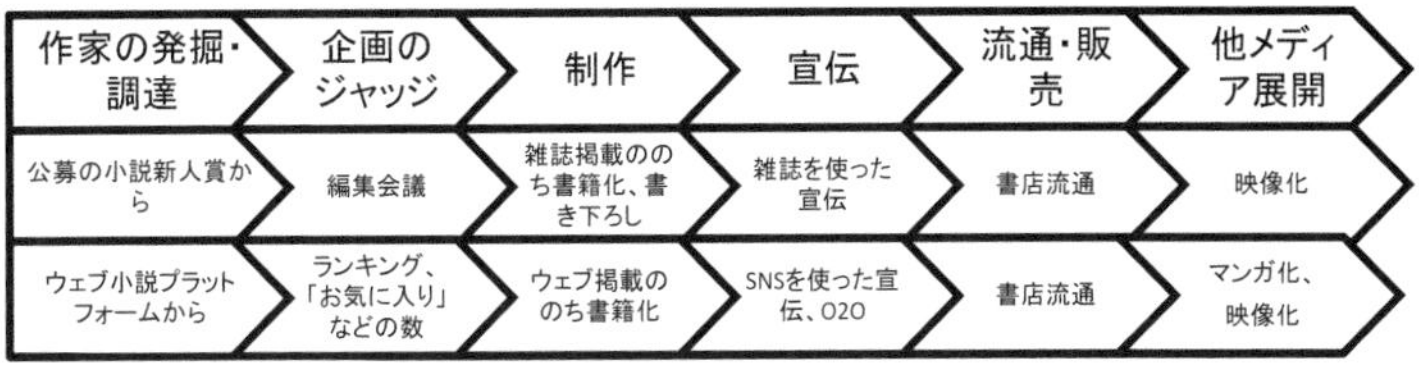

作家の発掘・調達	企画のジャッジ	制作	宣伝	流通・販売	他メディア展開
公募の小説新人賞から	編集会議	雑誌掲載ののち書籍化、書き下ろし	雑誌を使った宣伝	書店流通	映像化
ウェブ小説プラットフォームから	ランキング、「お気に入り」などの数	ウェブ掲載のち書籍化	SNSを使った宣伝、O2O	書店流通	マンガ化、映像化

図12　小説ビジネスのバリューチェーン
旧来は真ん中のモデルだったが、ウェブ小説書籍化は下のようなフローを辿る。ウェブを使わない部分、紙の本の制作および流通や他メディア展開においては出版社が果たすべき役割は依然大きい。

指摘した。

そしてそうやってウェブ上で人気になった作品は、しかし、ただ紙の本にすれば売れるわけではない。どこに配本すればいいのか。どうやって既存の作品と別カテゴリーのものであると読者に認識してもらうのか。リアル書店におけるチャネル戦略が必要になる。それを、フリーゲームのノベライズを例にしてケーススタディした。ホラー系ライトノベルは二〇〇〇年代には売れないジャンルであったにもかかわらず、ホラー系フリゲノベライズはなぜうまくいったのか、を見てきた。

ウェブで作品が書かれ、読者に届けられ、紙の書籍になり、紙の読者に届けられるまでのプロセスを、それぞれ見てきた。

「なろう」「エブリスタ」およびそれらを軸にした出版事業は、商業的に見て圧倒的な存在感を誇っている。しばらくは拡大をつづけるだろう。

しかし、それらに対するオルタナティブもまた、始まっている。べつのかたちのプラットフォームを構築し、あるいは「なろう」書籍化などとは異なるタイプのウェブ発コンテンツの書籍化もさまざまに勃興している。

今はまだ規模は小さいものが多いが、現代の（次代の）一翼を担うウェブ発コンテンツの小説化の動きを見ていこう。

まずは「なろう」「エブリスタ」級に拡大しうるポテンシャルを持ちながらも一時の「ブーム」に終わってしまい、安定期に入った「ボカロ小説」からである。

10 ボカロ小説の流行と停滞——収束してしまったひとつのウェブ小説ムーブメント

ヤマハが開発した音声合成技術「ボーカロイド」（代表的なソフトウェアに初音ミクなどがある）を使ってつくられた楽曲を原案とした小説（いわゆる「ボカロ小説」）は、女子小中高生を中心に一定の人気を誇る。「広義のラノベ」の一種であり、ウェブ発で小説コンテンツが生まれている点では、広く言えばウェブ小説の一種でもある。

三〇代以上の人間の多くは「ボカロが人気」と言わずに「初音ミクが人気」と言う。だが今のボカロ好きは、ボカロについて「初音ミクが」とミクを主語にして語る人間はいない。ボカロ＝ミク、とは思っていないからだ。ボカロ小説もまた、「初音ミク小説」ではない。

ボカロ小説の流れは、二〇一〇年刊行の『悪ノ娘』にはじまり、二〇一四年春にアニメ化されたカゲロウプロジェクト（小説版のタイトルは『カゲロウデイズ』）がもっともヒットした作品となり、しかし、その後「ブーム」は収束。一ジャンルとして定着したものの、ピークから見れば停滞している。

「ウェブで人気のコンテンツを紙に落とし込めばなんでも売れる。いつまでも売れる」わけではないことをボカロ小説の盛衰は教えてくれる。ほかのウェブ発コンテンツの書籍化の流れを占うさいにも、ボカロ小説の歴史は参考になるはずである。と同時に、固有のジャンルとしてボカロ小説がもつ、ほかにはない特徴とは何かも見ておきたい。

初音ミクブームからsupercellへ——ボカロキャラから作家へ（1）

まずはボカロ小説の歴史をたどっていこう。

商業出版におけるボカロ小説は、mothy（悪ノP）が二〇〇八年にニコニコ動画に投稿した人気楽曲「悪ノ召使」「悪ノ娘」をもとに、悪ノP自身の手で書かれ、PHP研究所から二〇一〇年に刊行された『悪ノ娘　黄のクロアテュール』が事実上のはじまりとなっている。

前年二〇〇七年は、初音ミク元年である。

クリプトン・フューチャー・メディアが発売した音楽用ソフトウェアである初音ミクは、二〇〇六年にサービスをスタートしたニコニコ動画を中心に、初音ミクでつくられた楽曲は発売してすぐに流行しはじめた。最初期にはボカロのこと自体や、初音ミクとP（プロデューサーの意。作曲者のこと）やファンとの関係を自己言及的に描いた作品が多く、「ミクを使った遊び」としての側面が強いものだった。

その後、シーンにsupercellという独自の個性をもった「作家」が現れる。お遊び的なものを超えて、ミク以上にsupercellというクリエイターの才能が強く打ち出された一連の楽曲が人気になったのである。悪ノP以前に「ボカロの二次創作」の域を超えたオリジナリティの強いキャラ付けと高い物語性をもった曲に、supercellの「メルト」や「ブラック★ロックシューター」がある（「ブラック★ロックシューター」はのちにアニメ化されていることも、「ボカロ楽曲の物語化」「他メディアへの展開」という観点から重要である）。彼がいたからこそ、悪ノPらが、ボカロを使いつつも独自の味付けを強烈に施しながら展開する「物語音楽」を受け入れる素地ができていたのかもしれない。

ボカロファンの第一世代（この時期のファン）は、二〇一六年現在で二〇代半ば以上の人間が多い。二〇〇七年に初音ミクが登場し、supercellの『メルト』『ブラック★ロックシューター』、CosMo@暴走Pの『初音ミクの消失』などが流行っていた時期にハマった世代だ。この頃は初音ミクを使った二次創作のムーブメントだったのである。

ボカロ小説の誕生と形式の確立

そして二〇〇八年。

中世風ファンタジーの世界観のなかで、鏡音リン・レンなどのボーカロイドをモデルにしたキャラクターたちが遭遇する、起承転結のある悲劇――悪ノPの曲が、熱狂的なファンを生んだ。悪ノ作品は一曲一曲が物語調であるだけでなく、楽曲間にそのリンクが示されており、解釈の余地のある謎が残されていた。この時期には悪ノP自身もさまざまな解釈に対して「これが正解だ」と語ることを避けたことから、考察や二次創作をするファンが絶えなかった。

この時期のファン――ボカロ第二世代になると、ボカロ＝ミクという空気は薄れ出す。第二世代は、二〇一六年では二〇代前半〜半ば前後の年代に多い。鏡音リン・レンなど、後続のボーカロイドが発表され、悪ノPが『悪ノ娘』『悪ノ召使』を投稿して人気を集めた二〇〇八年頃から、「リン廃」（リン廃人）や「レン廃」になる人々が続出。悪ノP「悪ノ娘」と並んで「鏡音三大悲劇」と呼ばれる囚人Pの「囚人」やひとしずくPの「「Soundless Voice」「proof of life」」など、P独自の異世界ファンタジー的な世界観を打ち出した、物語調の歌詞を特徴とする曲が流行り始めた。こういうタイプのボカロ曲が好きな人は、やはり物語音楽であるSound Horizonや中二病的な耽美な世界観を構築しているALI PROJECTのファンとも重なっている。

『悪ノ娘』小説化のきっかけをつくったのは、現在に至るまでボカロ関連書籍の企画・編集を多数手がけるスタジオ・ハードデラックスである。

はじめは悪ノPによる一連の物語を絵本にしないかと提案したそうだが、悪ノP自身が筆を執ると言ったことから、『悪ノ娘』は小説として企画された。

初音ミク登場以降、局地的なブームだったとはいえ、一般的に認知されたとは言いがたかったボーカロイドを使った曲を小説にする――それもボーカロイド自体を扱ったものではなく、

Pのオリジナル色の強い楽曲を長編小説化した本。などというものは、ニコ動の動向など知らない出版社の企画の意思決定者／決裁者（中高年層）を説得するのは骨が折れたはずだ。

ＰＨＰ研究所から『悪ノ娘』は刊行されたが、「Peace」「Hapiness」「Prosperity」を企業理念とする会社で「悪」というネガティブな響きをもつタイトルの企画を通すのは、なおさら大変な社内折衝が必要だったという。イノベーションは、こうやってリスクを取った人間がうみだすものであって、柳の下のドジョウを探す人間が起こすことはない。

困難を乗り越え発売された『悪ノ娘　黄のクロアテュール』は、予想以上に版を重ねた。曲が物語的であり、かつ謎がたくさんあったために、「こことここのつながりはどうなっているんだろう」「ここでこのキャラは何を考えていたのか」といったことを、ファンは知りたかった。そしてP自身が小説というかたちでひとつの答えを書いた。それを読みたいと思うのは、道理だろう。

ボカロ小説は『悪ノ娘』以降、一貫してほぼ一〇代女子から支持されている。これはニコ動でランキング上位に入るようなボカロ曲（再生数など人気ベースで見たメインストリームのボカロ楽曲）は、ミクがネギを振っていた最初期を除けば、ほとんど中高生女子が（再生回数ベースで言えば）コアユーザーだからである。

先にも述べたとおり、コバルト文庫をはじめとするいわゆる少女小説／女子向けライトノベルレーベルの多くは、いまや読者の平均年齢が低くて二〇代、高いと四〇代という状態にあり、一〇代向け、それもローティーンやミドルティーンが買う小説ジャンルが「発見」されたことは、出版業界的には、意味のあるものだった。

さて、その後もＰＨＰは、猫ロ眠＠囚人Ｐの「囚人」「紙飛行機」、ひとしずくＰの「秘蜜」、あるいは卒業ソングとして全国的な運動にまで発展したhalyosy「桜ノ雨」などを小説化する。

こうして、ボカロ小説の形式は確立されたのである。

Ｐ自身が書くこともあれば、Ｐは原案者として関わり、プロの作家がノベライズすることもあった。ボカロ楽曲の流行は、二〇〇〇年代後半にはミクや鏡音リン・レンといったボーカロイドを一種のスターシステムとして使った二次創作としてのボカロ曲が主流だった。ゆえに、まずはこの時期の人気曲が小説化されていったのである。

つまり初期のボカロ小説は、

①ミクやリン・レンなどを「キャラクターとして好き」なボーカロイドファンと、

②それぞれのＰが作り出す楽曲のファン

その両方に支えられたものであったと言える。

もはや「ボカロ小説」ではない何かの誕生
――ボカロキャラから作家へ（２）

こうした流れをある意味では加速し、ある意味では変えた作品が、ＫＣＧ文庫から刊行されたじん（自然の敵Ｐ）『カゲロウデイズ』である。

二〇〇九年ころから、ボカロ楽曲シーンでは、キャラクターとしてのボーカロイドを前面に出さず、あくまで歌手／楽器として用い、Pオリジナルのキャラクターを使った物語風のMV（ミュージックビデオ）も目立つようになっていた（ただし「ビバハピ」に代表されるMitchie M作品のように、ミクのかわいさを押し出したタイプの作品がなくなったわけではない。同じ「ボカロ」でくくられているけれどもやっていることは別々の試みが並走している、と見た方が正確だろう）。それも、二〇〇七、八年によく見られた近未来SFやファンタジーではなく、現代が舞台のものである。

この時期のファン――ボカロ第三世代は二〇一五年時点で高校生〜大学生の人間に多い。やたらとBPMが速く、高音で歌う、いわゆる「高速ボカロック」が主流になった二〇一〇年代初頭にハマった人たちである。第三世代が好きなボカロは、ギターロックを歌わせると映えるGUMIとIAだった。

小説も楽曲の流行の変遷を追うように、じんが自身のオリジナルキャラクターを使って紡ぐループもの「カゲロウプロジェクト」の一環として小説が二〇一二年五月に発売され、オリコンウィークリーチャートで一位を獲得。二〇一一年九月に投稿された「カゲロウデイズ」以降、謎がちりばめられたカゲプロに熱心なファンがついていたこと。同時期に発売された1stアルバム『メカクシティデイズ』がやはりオリコン六位となったこと。価格の安い文庫で発売され爆発的なセールスをあげたことなどが重なり、注目をあつめた。

繰り返すが、じんの作品には、彼の使っている初音ミクやIAといったボーカロイドがキャラクターとして登場するわけではない。じんはミクやIAを楽器として使っているにすぎず、カゲプロにはじんがつくったオリジナルキャラしか出てこない。

つまり、この時点で、ボカロ小説＝「ボーカロイドが出てくる小説」では必ずしもなく、「ボカロを使った曲を原作にした小説」＝ボカロ小説になったのだ。

カゲプロ以降、終焉ノ栞プロジェクトやLast Note.『ミカグラ学園組曲』など、Pオリジナルのキャラ（またはノベライズ作家が考えたオリジナルキャラクター）を使い、もはや作中にボーカロイドは出てこない小説も、次々にベストセラーとなった。

「少女小説」（女子向けライトノベル）の一翼を担う角川ビーンズ文庫も、ライトノベルの読者年齢が上がっているなか、『カゲロウデイズ』は圧倒的に一〇代前半から一五、六の若い層が買っていたことからボカロ小説に参入を決定。装丁を一〇代前半の女子向けに、ヤマコによる少女漫画のようなポップなイラストが表紙の『スキキライ』『告白予行練習』（HoneyWorks原案、藤谷燈子作）、山田悠介的なデスゲームものにアレンジした『脳漿炸裂ガール』（れるりり原案、吉田恵里香作）などがスマッシュヒットとなり、両作品は映像化が決まる。いずれもニコニコ動画に流れる弾幕（コメント）を参考に、曲のファンがどこに反応しているのかに注意し、曲の盛り上がりと小説にしたときの物語展開の連動を意識しているという。二〇一四年二月刊行の小説『告白予行練習』はHoneyWorksのCDアルバム『ずっと前から好きでした。』発売とタイミングを合わせるなど、作り方・売り方のノウハウも蓄積していった。

これらの小説は「ボカロのキャラとしての人気に寄りかかった二次創作のムーブメント」で

はなく、「PとPがつくりだしたキャラクターが主役の、あたらしい音楽×物語のかたち」であった――そう、見えた。

ボカロ小説と狭義のラノベは、訴求しているポイントが異なり、物語の傾向が異なる。「狭義のラノベ」はバトルものやラブコメを主流としていた。基本的には明るく楽しく、ネタにしやすく、しかし泣ける展開もあるものが人気である。ラノベのラブコメは「萌え豚」(男性オタク)が「ブヒる」(性的に消費する)ことができるのが重要だった。ボカロ小説は違う。ブヒれる展開も、肌色成分が多い女のキャラのイラストも用意されていない。女子向けなのだから、当然だ。

人気のボカロ曲/ボカロ小説の傾向を二分したのは「かわいい」ものと「エグい」もので、どちらも男性向けの「狭義のラノベ」あるいは「なろう」の流行とはかけ離れていた。

前者には『ミカグラ学園組曲』や『リンちゃんなう!』などがある。たとえば、じんのライブで一番飛ぶ声援は「かわいい!」であって、ほぼ女子のカルチャーだった(二〇〇七年ごろの初期のミクブームとは客層が異なる)。二〇一四年ころにはボカロのランキング上位曲は、女子向けのかわいいもの、恋愛もの、ほわっとしたもの、ハッピーなものが多くなった。

後者の「エグい」悲劇や悲恋も、ボカロでは安定して人気がある。ジョージ・オーウェル『1984』的な管理社会を描いたうたたP+鳥居羊による『こちら、幸福安心委員会です。』や、『王様ゲーム』のように学園を舞台にした謎解きサバイバルホラーである『終焉ノ栞』などだ。人気Pの多くはバンプ・オブ・チキンやレディオヘッド、ナンバーガール、アジアン・

カンフー・ジェネレーション、バックホーンやSEKAI NO OWARI、椎名林檎といった『ロッキング・オン』～『スヌーザー』系の文化系ロックから影響を受けており、内向きで鬱屈した歌詞が多く、喪失感や疎外感、焦燥を描いたものも、支持を集めていた（二〇一四年以降は、減った）。自主規制の多いTVやラジオで流れることを意識して、職業作詞家ならオブラートにくるむ表現を、Pたちは直截的に、極端に表現する。それがセンシティブな一〇代に刺さる。かつて文学やロックが受け皿となっていた、人間の負の感情や苦悩を一時はボカロ曲が担ったと言えるだろう。

二〇〇〇年代初頭に「萌え」という言葉が流行ったが、あれは男子的な「ブヒる」と女子的な「かわいい！」の曖昧な野合だった。二〇一〇年代初頭には、女子的な「かわいい」はボカロ、男子的な「ブヒる」は狭義のラノベが満たしてくれるものとして存在していた。そしてこのころ以降、ボカロPや歌い手、絵師の圧倒的な若さに比べると、ラノベは一世代前の感覚でつくられている、ふるくさいパターンのエンタメに見えはじめるようになっていった。

カゲプロブーム以降——作家からボカロキャラへの揺り戻し？

ではカゲプロ登場以後は、どうなったか。

第一世代タイプっぽい曲、第二世代タイプっぽい曲、第三世代タイプっぽい曲が、それぞれ並行して生まれ続けているると見た方が正しいだろう――ポスト・カゲプロ時代（二〇一三年以降）には、supercellやカゲプロのようにわかりやすいアイコンがいない。

ボカロ第四世代には、二〇〇〇年代生まれの小中学生に多い。頭ひとつ抜けて人気なのは、HoneyWorksくらいである。カゲプロ的な中二病高速ボカロックに勢いはない。古参のPにもあたらしいPにも固定ファンはいる。いっぽう、リスナーが聴いているものは分散し、ボカロのファンなら誰でも知っている有名曲がポンポン生まれる時代は、終わった。以前ほど新曲の再生数や、ニコ動上のマイリス数（お気に入りの数）も伸びなくなった。とはいえランキング上位曲の傾向をあえて挙げるとすれば、中高生女子向けのかわいい曲や切ない曲が増えた。

このころから、ボカロ自体がゲーム実況やニコ動が公式配信するようになったアニメなどに押されて、ニコ動のランキング上位にのぼることが減っていったのである。

また、有望なPはメジャーデビューしたり、アニソンやアイドル、ゲームミュージックなどへの楽曲提供に転じるなど、ニコ動に楽曲を投稿する頻度が減ったことも、ボカロが落ち着いてきた原因のひとつである（YouTubeや音楽アプリをはじめ、ニコ動以外でも聴けるようになって拡散しただけ、という意見もあるが、少なくともニコ動上では「ブーム」は終わり、「ジャンル」として安定した――停滞した）。

ボカロ小説も、「出せば売れる」バブリーな状態は、すぐに終わった。

本来、悪ノPやじんのような「ミュージシャンなのに、キャラクターや物語も作れる」人間は例外である。たとえ作曲者以外に物語を作れる人間を用意して組むにしても、そもそも物語性のある楽曲をつくり、小説連動でしかけを作ること自体が難しい。したがって、大半の「Pオリジナルキャラクター」は、ミクをはじめとする「ボーカロイドキャラクター」よりも訴求力が弱いものにとどまった。「人気の曲を小説にすれば売れる」と誤解したところから、粗製濫造気味になったことも否めない。

今では基本的には「新しい曲よりも、再生数が多かった昔の曲を小説化したほうが売れる」「ボーカロイドをキャラクターとして登場させた小説の方が、オリジナルキャラものの小説よりも売れる」状態になっている（一部例外はある）。

ボカロ小説も「ブーム」は終わり、女子小中高生向けの小説「ジャンル」として定着したのだ。

映像化にめぐまれないジャンルは伸びにくい

そんななか、二〇一五年四月からTVアニメ『ミカグラ学園組曲』が、七月に実写映画『脳漿炸裂ガール』が公開になった。これらの映像化が商業的に大成功すればジャンルとしてもういちど弾みがついたとは思う。しかしどちらかと言えば固定ファン向けの作品であって、ふたたび「ブーム」にする爆発力はなかった。

もっとも本来、ひとつの作品や作家にそんなことを負わせるのは筋違いだが、仮にそういう言い方をすればそうなる（私はいずれの作品も好きなので、こんなことを言うのは心苦しいが）。

毎年発表される文芸書やラノベのベストセラーのラインナップを見てほしい。そのほとんどは映像化作品か、過去に映像化されてベストセラーになった作家の新作か、どちらかである。映像作品が成功しないかぎり、日本ではベストセラーにはなりにくく、どんなベストセラー作品／作家も映像化でミソがつけば、人気はしぼんでいく。映像化され、映像化が成功することは、命脈を左右する。

ボカロ作品は、映像してブレイクさせ、ジャンル自体に注目を集めてさらに次の作品を映像化させ……という出版界では必須とも言えるセオリーに乗らなかった。最初の花火をうまく打ち上げることに何度か失敗した結果、乗ることができなかった。これは『ログ・ホライズン』『魔法科高校の劣等生』をはじめ、アニメ化が成功した作品が続いている「なろう」系とは対照的である。

ウェブ発コンテンツが紙の本になり多メディア展開されるさいのコスト構造

そもそも紙の小説に始まり、マンガやアニメなどに展開していくさいのカネの流れや規模はどういったものか。ここを確認してから、ウェブ発コンテンツが映像化されるまでのプロセス、コスト構造を見てみよう。

出版社視点で見ると、まず、紙のマンガ誌や小説誌などの定期刊行物がある場合と、ない場合がある。ない場合とは、雑誌なしで書き下ろしの単行本や文庫のみで展開する場合である。このふたつは、コスト構造が大きく異なる。

雑誌を持たずに単行本を刊行していけるのであれば、事業開始にあたってしなければならない初期投資も、事業の継続的な運営に必要なランニングコストも少なくて済む。

たとえば文庫一冊ではコケて赤字になっても一〇〇万〜二〇〇万円もいかない。だがマンガや小説雑誌では、一冊につき一ケタ違う額の赤字が発生する。

投資資金の回収タイミングはどうか。雑誌で作品を数カ月連載して単行本化し、その売上で回収するモデルより、書き下ろしまたはウェブから単行本化するほうが、早く見込める。

さらに、雑誌は自社で持つと、絶対にそのページ数を埋めなければいけなくなる。あるていどのボリュームが必要になり、そのぶんのお金が必ず出ていく。書き下ろしやウェブ発書籍化であれば、月に何冊刊行していくかという冊数調整についても自社の人的・経済的リソースに合わせられる。経営面でのリスクコントロールがしやすい。

ほとんどの出版社は自前でウェブ小説の投稿プラットフォームを持っていない。つまり巨大な小説メディアの運営コストを自分たちは支払うことなく、人気が出た作品を（原稿料を払わず印税のみの支払いで）かすめとることができる。これでは紙の雑誌を運営するのがバカらしくなる。

話を戻すが、小説を出すよりもアニメや映画をつくるほうが巨額の予算が必要になる。小説は一冊数百万円でできる。TVアニメはワンクールで二億くらいは必要になる。したがって、必然的に映像のほうが撃てる弾も少ない。外したときの赤字も大きい。

となれば、小説で売れている作品を映像化するほうが、アニメや映画で完全オリジナル作品を企画するよりも手堅く、数字も読みやすい。

ウェブ発コンテンツの書籍化は「紙の小説↓映像化」という流れにもう一段階、保険をかけたものだ。今までは「本で人気になったものが映像化される」だったが、「ウェブで人気になったものが本になり、本で人気になったものが映像化される」になった。

ウェブ小説書籍化は、この「ウェブ↓紙の本↓映像化」によってヒット作を生むことに成功した。ボカロ小説は『ブラック★ロックシューター』『カゲロウプロジェクト』『ミカグラ学園組曲』『脳漿炸裂ガール』……いずれも映像化作品は、ヒットにめぐまれなかった。

いい作品をつくるには、予算が必要である。今日の映像化（とくにアニメ化）にはパチンコ・パチスロメーカーとモバイルゲームメーカーの出資が重要になっている。だがボカロは低年齢向けコンテンツである。したがってそれらの遊戯との相性がよろしくなく、資金を集めにくかったのかもしれない。いずれにしても、ボカロ関連の映像化は、低予算で手堅くつくって固定ファンに観てもらおう、という風潮になってしまっている。

『千本桜』映像化という切り札を使わないクリプトン

ただ実は、起爆剤となりうる隠し球がないわけではない。

『千本桜』や『悪ノ』シリーズのような、初音ミクをはじめとするボーカロイドキャラクターの二次創作ものは、いくら楽曲や小説で人気があっても、映像化されていない。

これは初音ミクなどのライツを握っているクリプトンの意向だと推測されている。ボーカロイドをキャラクターとして使って（二次創作として）小説にするまではＯＫだが、アニメや映画での映像化はＮＧにしているようである。

たしかに、アニメや映画にした場合、ミクやリン・レンの二次創作であるキャラクターの声はどうするのか。ボカロの声素材を提供した声優や歌手にやってもらうのか？　という問題がある。また、本来はボーカロイドキャラクターの二次創作なのに全国放送されてしまったら、それがボーカロイドキャラクターの「公式見解」だと誤解するひとも少なくないだろう。

そもそも「映像化することによって小説やＤＶＤ、関連商品を売り伸ばす」というビジネスモデル自体、出版社や映像業界にはなじみがあるが、音楽業界的な発想ではない。特定のボカロ小説が売れようが売れまいが、映像になろうがなるまいが、音楽文化／音楽ビジネス的にどれだけ関係があるんだ、うちの長期的な売り方やブランディングにどんな意味があるのか、とボカロメーカーが考えても不思議ではない。

また、映像化は、ヒットしようがコケようが、どのみちブームの「ピーク」をつくってしまう。放映や公開が終わって以降は「映像化された時が最盛期だったよね」感が出る。人気の極端な満ち引きをつくることを避けたいのかもしれない。

ボーカロイドを自社IP（知的財産）、自社発のキャラクター／楽器として大事に売りたいボカロメーカー側と、ボカロを使った曲ではあるけれども自分の世界観を表現したものとして売りたいミュージシャン側（＋小説を一気に売り伸ばしたい出版社側）では、思惑が違う。

したがって「ボーカロイドキャラクターの二次創作楽曲を原作にしたアニメや映画」は現時点では難しいようだ。ボカロジャンルにもういちどブームとしての火を付けるには、それしかないはずなのだが……。

小学生向けボカロ小説で独自路線をゆくポプラ社

ただし、「ブームに乗って大ヒットを狙う」ではなく、「定番化」したボカロ文化に焦点を当てている版元もある。ポプラ社である。

同社は二〇一三年一二月発売の『桜前線異常ナシ』以来、ポプラポケット文庫で初音ミクや鏡音リン・レンといったクリプトン・フューチャー・メディア製ボーカロイドを使った楽曲を原作にしたボカロ小説を展開。平均すると二万〜三万部と手堅いヒットを生んでいる（児童書ジャンルの新規シリーズとしては、十分な成功と言える部数である）。作品にもよるが、主な読者層は小学校高学年女子。

同シリーズが始まったきっかけは、担当編集者が子会社のジャイブに所属していたころ、初音ミクブームの初期（二〇〇七年末）からミクのキャラクターデザインを手がけたＫＥＩによるコミックス『初音みっくす』などを担当していたことに始まる。マンガのアンケートの返りは、はじめは男性が多かったのが、二〇一一年頃を境に、小中学生女子からしか返ってこなくなった。さらには二〇一二年春に初音ミクを使った卒業ソング『桜ノ雨』がＰＨＰ研究所から小説化され、中学校の司書が取次に多数注文していることを知り、同社は児童小説への参入を決めた。

小説化をオファーする楽曲の基準は、小中学生が好み、かつ性的・過激な内容を含まないものだという。小学生はスマホやタブレットではなくWiiを使ってテレビ画面でYouTubeを見ていたり、ボーカロイドが出てくる音楽ゲーム『Project DIVA』で曲を聴いていたりするため、必ずしもニコニコ動画上の再生数や、楽曲の投稿時期では決めていない。短期的な流行よりも「スタンダードになりつつある楽曲」を選んで小説化している（ボカロにはすでに「クラシック」「定番のナンバー」がある）。なぜ「スタンダード」が成立するか。ひとつには『DIVA』のようにゲームで使われている曲に親しむからである。もうひとつは、ボカロに興味を持って新規で入ってきた小中学生たちはニコ動を使うときに「再生回数が多い順」に動画を表示し、投稿の時系列を無視して「累計で人気のある曲」から聴いていくためである（アーカイヴが充実しているせいで新曲が不利になる、という現象が生まれている）。

他社のボカロ小説では、クリプトン以外のメーカーによるボーカロイド（GUMIなど）や、作曲者オリジナルキャラクターが登場するものもあるが、ポプラのボカロ小説には、ミクやリン・レンといったクリプトン製ボーカロイドしか出てこない。これは、小学生の女の子はまず初音ミクから、それも「かわいい！」と見た目から入ることに由来する。

ボーカロイド楽曲を聴いて「タグ」や「P」といった情報を気にするのは、ネットリテラシーと知識欲が発達した中高生以上の聴き方である。ポプラは〝小学生のボカロの聴き方・楽しみ方〟に寄り添い、ターゲットを絞りながら、『きせかえ初音ミク』や『初音ミクシールブック』といった小説以外のラインナップも展開し、好評を博している。

ウェブコンテンツ書籍化においては「なろう」系のように「一発大きく当てる」ことをめざすのではなく、ポプラ社のように、確実に存在する顧客層に向けて、小〜中規模で売れる作品を刊行していくのも、戦略のひとつである。

物語×音楽の「意味のあるメディアミックス」文化としてのボカロ小説

断っておけば、ボーカロイド文化は非常に多様な側面を持っており、私がここまで書いてきたものは、ひとつの見方にすぎない。ミクやリン・レンが歌うライブイベントとして人気の『マジカルミライ』は日本武道館で開催されたし、また、音楽文化として観た場合には、動員数や再生数や部数といった数字には還元できない別の豊かさが日々育まれていることも強調しておかなければならない。私の視点はあくまで「小説サイドから観たボカロ文化」という特殊ケースである。

商売の話に傾きすぎたので、文化的な話もしておこう。

ボカロ小説は、Pが投稿したMVを繰り返し観てから読まないと、十分に楽しめないようにできている。小説の作中に、楽曲から拾ってきた要素や、楽曲のナゾを解くヒントがちりばめられているからだ。

曲を聴かずに小説を読んでも「何これ？」と思うような作りになっていることが多いし、その方がファンのうけはいい。逆に言うとこれは、MVによって小説体験の豊かさを、小説によってMVの鑑賞体験の豊かさを増すという、相互補完的な新しいエンタメの手法なのだ。

脳の中では、言語や物語を扱うときに活性化する領域と、音楽を聴くと活性化する領域は別だと言われている。つまり物語を音楽にのせれば両方が刺激でき、時間あたりの密度を濃くできる。

TVドラマ『glee』や映画『レ・ミゼラブル』『アナと雪の女王』のように歌と物語が不可分に絡むエンタメの流行は、世界的な潮流だ。日本でもアニメ『マクロスフロンティア』や『うたの☆プリンスさまっ♪』、『ラブライブ！』を挙げれば十分だろう。ボカロPと同時代・

同世代の物語音楽といえば、たとえばロックジャンルではSEKAI NO OWARIやamazarashiらが存在する。手元のスマホやタブレットからYouTubeやHulu、ニコ動に常時接続できる時代に、物語音楽が力を持つのは必然だ。

ボカロ楽曲の物語化/ボカロ小説の刊行も、こういう大きな流れに位置づけて見たほうがよく、一〇代女子向けの局地的な人気として軽んじるべきではない。ボカロ小説は「物語×音楽」という潮流のなかでも、本来、独自の可能性を持ったものだった。

リスナーは物語性の高い曲を聴いてあれこれ想像し、実際に小説を読むと驚きや発見があり、曲の聞こえ方や解釈が変わる。ただの曲、ただの小説よりも、濃密な時間を与えてくれる。こんな独自のエンタメ体験を追求しているジャンルは、ほかには目立って見当たらない。

ボカロ小説は、MVと小説を連動させた「意味のあるメディアミックス体験」の方法論を開拓したものだった。ボカロ小説およびその映像化は、単に「ネットのCGM(コンシューマー・ジェネレイテッド・メディア)発で小説ができてヒットしたので映像化されました」といったこととは違う、文化的に新しいエンターテインメント体験として、もっと長い目で見て試行錯誤を(失敗もおそれずチャレンジを)くりかえしていってほしい。その過程で、商業的にも文化的にもあたらしいなにかが生まれるはずである。

11 スターツ出版の野いちご／ベリーズカフェ

スターツ出版といえば、近年ではOZmall事業の印象が強いだろうが、yoshiや『恋空』を代表とする二〇〇〇年代の「ケータイ小説」ブームの牽引役でもある。

同社は現在も小五から中一までの女子に特に支持されているケータイ小説サイト「野いちご」と大人の女性向け小説投稿・閲覧サイト「ベリーズカフェ」を運営、人気作品を自社で書籍化している。中学生活も後半戦になると受験勉強が忙しくなり、高校になるとリアルの恋愛に忙しくなることが、「野いちご」のボリュームゾーンが小学校高学年から中一である理由のようだ（図13）。

ケータイ小説は二〇〇八年ころから潮目が変わり、サイト上では『恋空』的な泣けるものよりも、軽めの学園恋愛ものが人気になっていた。ただ同社の書籍編集部は「本では売れないだろう」と考えており、しばらくは書籍化には消極的だったという。しかし試しに軽めの恋愛ものを出してみたところ、ヒット。以来、「常に新しいものを」というスタンスで、サイトの運営チーム、書籍の編集部、販売部で「変化の芽」を共有し、入れ替わり続ける読者に対応するようになった。

最初は「野いちご」一本だったが、そこから「ベリーズカフェ」を派生させて別サイトにしたのは、ＯＬや主婦層の投稿が増え、アクセスランキング上位に不倫や社内恋愛ものがのぼるようになってきたためである。ベリーズカフェのユーザーは二〇代が四割、三〇代が三割、四〇代が二割弱。別の切り口で見ると、会社員35％、主婦22％、学生20％、無職・フリーター17％。ケータイ小説は地方の作家が多かったが、ベリーズカフェでは都市部在住の書き手が多いという。読者も作家もケータイ小説とはまた別の、新しく入ってきた人が中心だ。OZmallからベリーズカフェにアクセスできるようにしたり、OZmallのメルマガでベリーズ作品を紹介するなどして、自社の別事業からの顧客誘導も行っている。

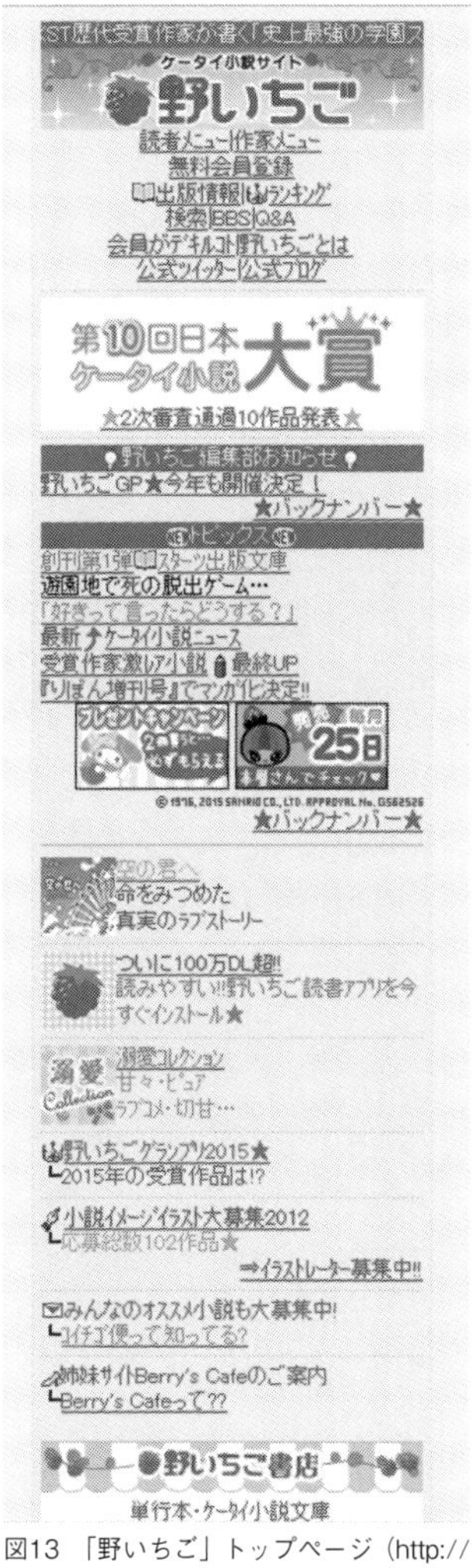

図13　「野いちご」トップページ（http://no-ichigo.jp/）

同社の売上は紙の書籍が主軸ながら、広告や電子書籍も年々伸びている。社会現象にまでなったケータイ小説全盛期に比べれば部数は落ちたものの、「小五から中一女子が読みたい小説」として、コンスタントに売れている。ボカロと同じく、「ブーム」から「ジャンル」として定着したかたちである。野いちごやベリーズを訪れた読者は、サイト上で一人あたり平均二〇〇ページ読んでいるという。ニーズに合致した物語であればウェブでも、紙でも読む人たちがいる――「若者の活字離れ」などというものは虚妄である。

野いちご文庫は二〇一三年時点で、書店で年に平均三・二回転。「外す作品は少ないが、初速型」(発売日近辺では売れるがロングセラーにはなりにくい)と従来は見られがちだったが、じつは回転率がよく、重版率も高い。また、ユーザーアンケートでは八割が「サイトに掲載された小説の書籍版を買ったことがある」と答えており、しかも併読した本は野いちごで固まっている。それもあって書店に棚セットを送ると、売上が上昇。「棚ができると売れる」という認識ができている。

版元であるスターツ出版が自ら「野いちご」というサイトを持っているからこそ、サイトと紙で一貫したブランド価値を提供でき、ゆえにロイヤリティの高いユーザーが生まれているのだ。同社では、ランキングだけでなく、編集者が「これは」と思った作品はサイト上で「特集」といったかたちで推薦するような施策も行っている。本は売れているがサイト上でのアクセスが伸びていないときにはサイト上で目立つように取り上げる、などといったかたちで、ウェブと紙の数字を見ながら、サイトと書籍の融合を突き詰めている。それが同社の強みである。

実は「エブリスタ」の女性向け恋愛小説を書籍化している某レーベルは、スターツのベリーズ文庫とほぼ同様のターゲットに向けて刊行しているにもかかわらず、成績がかんばしくない。それはおそらく、サイトに訪れるユーザー像およびそのニーズを肌感覚で理解できていないこと、ウェブと紙の連動がうまくできていないこと、そしてウェブから紙にするさい、どこがキモなのかをつかみかねているからだろう。

あるいは、やはりケータイ小説で名を馳せた「魔法のiらんど」がカドカワに買収されて以降、存在感をなくしてしまったことを思えば、スターツの堅実さ、時代の変化に適応する力の高さが、より理解できるはずだ。「魔法のiらんど」衰退の要因はスマホ対応が遅れたこと、カドカワに吸収されたことで運営と書籍化の連動のバランスが崩れてしまったこと、カドカワ以外から本が出るときに「魔法」の名前を出すことを禁じたことから書籍/書店からサイトへの流入の導線が断たれたことなどが考えられる（「なろう」や「エブリスタ」は書籍化されるさいに積極的に名前を出していったからこそ、本を入り口に認知が広まっていった）。

「エブリスタ」と「野いちご」が連動してヒットに成長した『カラダ探し』

「野いちご」にはもうひとつおもしろいトピックがある。

ケータイ小説と言えば恋愛ものというイメージが強いだろうが、実はホラーも人気がある。

夜の高校で、バラバラにされた友人の少女のカラダを探すことになる主人公たち。カラダをすべて探さないかぎり同じ一日がループしつづけ、謎の存在「赤い人」にくりかえし殺されることになる――。こんなあらすじのウェルザード作『カラダ探し』は、小説投稿プラットフォーム「E★エブリスタ」にて連載され、次いでスターツ出版が運営するサイト「野いちご」にて掲載されたのち、スターツ出版のケータイ小説文庫〝ブラックレーベル〟創刊第一弾として二〇一三年八月に書籍版の刊行をスタートした。

ユーザー層が異なる二つのプラットフォームが共同プロモーションを展開し、いずれでも人気を博したタイトルとしても珍しく、興味深い存在である。

『カラダ探し』は、若い読者を意識して平易な表現を心がけ、改行を駆使してスクロールの長さで緊張感を煽るなど、視覚に訴える（ディスプレイ上の表示を意識した）演出をし、怖いだけでなく恋愛展開や裏切り、友情、切なさを描く、感動の人間ドラマを盛り込んでいた。『王様ゲーム』が流行った結果、わかりやすくてエグいホラーに飢えたユーザーが集まっていたこともあり、『カラダ探し』は「エブリスタ」に連載されるやいなや人気になり、毎月行われていた『E★エブリスタ賞』という投稿イベントで優秀賞を受賞。

それに目をつけたのが、ローティーン向け恋愛小説とは別ラインを立ち上げようとしていたスターツ出版だった（『カラダ探し』初代担当編集者は『恋空』の編集担当でもある）。以降は両方のサイトに掲載することにし、出版プロモーションを展開。結果、どちらのユーザーにも支持されるようになった。

ただし「エブリスタ」は作品が『連載中』でなければなかなか読まれないのに対して、「野いちご」は『完結』しなければほとんど読まれない（完結後に閲覧数が爆発的に伸びる）とか、「野いちご」はメインユーザーが女子小中学生なので作品の恋愛部分にも強い反応がある、という違いがあった。

書籍化にあたっては一〇代女子が読むことを考え、グロさを強烈に出すことはNGとし、それ以外のエンターテインメント性を意識して改稿・編集がなされ、ポテンヒットに。

同作は集英社が運営するアプリ「少年ジャンプ＋」上でマンガ化され紙の単行本も発売されるなど、メディア展開も好調である。

「エブリスタ」、「野いちご」、書籍、ウェブコミック、マンガ単行本それぞれで、読者層は少しずつ異なる。逆にいえば、ふだんはそれぞれのフィールドで作品流通が（そして顧客が）分断されている状態だったと言える。

ちなみに橙乃ままれ氏に話をうかがったさいにも、『まおゆう』を連載した2ちゃんねると、『ログホラ』を連載している「なろう」では読者の反応はまったく異なり、また、紙の書籍版から読みはじめた人、アニメから入った人でそれぞれ感想や振る舞いが違うと言っていた。『カラダ探し』のように、今後は異なるプラットフォーム、異なるメディアが横断的に協業することで、多様なユーザーに作品を届け、ヒットの息を長くする方策が編み出されていくのかもしれない。

12 ニンジャスレイヤー
——Twitter小説最大にしてほぼ唯一の成功者

ブラッドレー・ボンド＋フィリップ・N・モーゼズ『ニンジャスレイヤー』は二〇一〇年からTwitterで連載が始まり、二〇一二年から翻訳版書籍の刊行がスタートした小説である（図14）。二〇一五年春からニコニコ動画にてアニメを放映、一六年には地上波での放送も予定されている。

小説を読んだことがなくても、アニメを見たことがなくても、Twitter上で「スゴイ級ハッカー」「キリステゴーメン」「アバーッ！」「ソウカイ・シンジケート」といった異物感満載のテキストがRTされてきたのを見た（人によっては思わずマネしてしまった）ことはあるのではないだろうか。

『ニンジャスレイヤー』は、オリエンタリズム全開の間違った近未来日本を誇張した「ネオサイタマ」を舞台にしたサイバーパンクSFアクションである。悪事を働くニンジャたちを次々に殺していく「ニンジャスレイヤー」を中心に、ソウカイヤ所属のアフロ「スーサイド」やオリガミを光のミサイルと化す女子高生ニンジャ「ヤモト・コキ」などクセのあるキャラが敵味方に分かれて争う。

　Twitter小説は幾人もの作家が試みたが、『ニンジャスレイヤー』ほど人気になった作品はおそらく日本では存在しないだろう。

　なぜ『ニンジャスレイヤー』はTwitter小説のなかでは例外的なヒット作になったのか。

　なぜ熱狂的なヘッズ（『ニンジャスレイヤー』のファンは「ニンジャヘッズ」と呼ばれている）が生まれるのか。これを考えてみよう。

図14　「ニンジャスレイヤー【物理書籍公式サイト】」トップページ（http://ninjaslayer.jp/）

一四〇字でも伝わる様式美

Twitterで小説を連載する、とは、物語を冒頭からではなく、途中の断片（から）しか読まれない形式を選択しているということである。つまり、何も引っかからないような普通の文章では、RTも「ふぁぼ」もされることなくスルーされてしまう――「これってどっから始まってるんだろう？」と読者に思ってもらうことが難しい形態を選んでいるわけである。

『ニンジャスレイヤー』は、公式アカウントから投稿されるどのつぶやきにも「入念なニンジャブリーフィング」「スリケン」といった独自用語が入っている。初見の者には「なんだこれ？」と思わせ、ヘッズならマネしたくなる中毒性があるのだ。

ツカミが完璧なのである。設定、文体、語感すべてが『ニンジャスレイヤー』だと一発でわかる。

続きや背景が知りたくなる仕掛けと親切さ

『ニンジャスレイヤー』は第一話がいきなり「前回のあらすじ」から始まり、その後は時系列を飛び飛びにしたオムニバス形式で展開している。

ただのツッコミどころ満載のコメディだと思って、人々はこの作品を読みはじめる。しかし主人公は実は悪の手により妻子を殺されており、復讐心から「ニンジャ殺すべし」と思うようになったのである。このように、主要人物にはそれぞれ謎めいた過去がある。それを、時系列がバラバラの連作短編を読み継いでいくことで、少しずつ彼らの意外な側面がわかってくるという仕掛けになっているのだ。

単に「ナムサン！」とか「アイエエエエ！」といった独自フレーズに反応している人たちがライトファンだとすると、そこからさらに興味を持ったヘッズには、どっぷりと浸かりたくなるような謎とアツい展開を用意している。

また、Twitter小説の難点として「流れていってしまう」ことがあるが、『ニンジャスレイヤー』はtogetterなどを駆使して、「まとめ」を充実させている。また、そもそも時系列バラバラの連作短編だから、どこからでも読み始められる親切設計になっている（最初のものから順番に、と思うと、検索して探すのがめんどうくさくなる）。

Twitterがどんな特徴を持ったSNSなのかをよく研究して展開しているのである。

王道のヒーローアクション

『ニンジャスレイヤー』は、ガワはイロモノだが、中身は王道のヒーローものである。

主人公ニンジャスレイヤーは殺された妻子の復讐のため悪を討つ。そして悪の組織は「ソウカイヤ」であるなど、名前からして悪いことが一目瞭然だ。

この勧善懲悪の構図のわかりやすさも、ユーザーインターフェース上、中身に入っていきにくいTwitter小説の難を解消するのに役立っていると思われる。

しかもニンジャスレイヤーは、サラリマン「フジキド・ケンジ」に、殺戮願望を抱く謎のニンジャソウル「ナラク・ニンジャ」が憑依して誕生した存在であり、ナラクの力が強まれば自らもダークサイドに呑まれてしまいかねない。

この「内に悪を宿しながら悪と戦う両義的なヒーロー」「力の使い方によって正義にも悪にもなりうる存在」は石ノ森章太郎や永井豪をはじめ、連綿と継承される日本のヒーローの系譜に位置している（近年でも、たとえば平成ライダーでは力の代償に理性を奪われ堕ちかけるが何とか踏みとどまる展開は定番である）。

バトルも、固有名詞のネーミングは「クロスカタナ」をはじめ笑ってしまうようなものだが、ボスクラスの強敵との戦闘はアクション小説として凝っているし、アツい展開が待っている。

一瞬笑っておしまいの賞味期限が短いイロモノに見えて、実は長く楽しめる本物なのである。

ヘッズの期待を裏切らない版元エンターブレインの功績

こうした特徴からTwitter上で人気を博した『ニンジャスレイヤー』だが、ここまで大きなコンテンツに成長したのは、書籍版の版元であるエンターブレインの文芸局ホビー編集部の力も大きい。

同編集部はTwitter連載小説『ニンジャスレイヤー』や2ちゃんねるに掲載されアニメ化もした『まおゆう』、「小説家になろう」発の『ログ・ホライズン』『オーバーロード』といった人気ネット小説の書籍化を手がけ、いずれも本としてもヒット作になっている。と言ってもレーベルとして統一的に売り出しているわけではなく、付いている顧客はバラバラだ。『オーバーロード』の中心読者の年齢層は三〇代後半から四〇代で、感想をネットに書き込まない方が多い。『ニンジャスレイヤー』のファンは二〇代から三〇代のTwitterでよくつぶやく人たち。『まおゆう』はアニメ化以降、一〇代の読者も増えたが、もともとはもっと年齢の高い男性に支持されていた。ファン層が異なるため、装丁から紙、フォント選びまで、一作品ごとにこだわり、個別の作品のファンの方それぞれが「持っておきたい」と感じてもらえる本づくりを志向している。

ネットでなら無料で読める作品に対して読者が「お金を払ってでも欲しい」と思う本をつくるために、編集者は作品を読み込み、ファン同士のコミュニケーションに身を浸した上で「このやり方はアリかナシか」、作品ありきでジャッジをしている。この姿勢はマンガやドラマCD、アニメなどメディア展開するときも変わらず、コア読者が納得しないだろうと感じた展開にはNOを出している。判断基準は「ファンは喜ぶか？　驚くか？」。この二つを守るかぎり、編集部と著者で齟齬は起きないようだ。

販売戦略においても、姿勢は一貫している。オタク専門店（とらのあなやCOMIC ZIN）やネット書店にいる、もともと作品が好きだったスタッフにアプローチし、『ニンジャスレイヤー』なら作中に登場する「スリケン」のような〝わかっている〟店舗特典をつけるなどして、売り場の温度を上げげた。まずはコア層から攻め、そこでいい評判を得る。そうするとそのまわりにいる人も気になりはじめ、自然と部数も伸びていく——と同編集部（当時）の久保雄一郎氏は言っていた。

また、同編集部では、著者のネットでの活動には口を出さない。アルファポリスなどとは異なり、書籍化しても、ネット上にある作品を削除してもらうこともしていない。これは、ネットにはネットの、紙には紙の良さがある、別ものだという考えに基づく。

ネットと紙の違いを理解し、互いの良さを最大化する方法を一作ごとに模索する。

ウェブでの作法に長けた著者にウェブでの活動は委ね、書籍化作業や、紙発で多メディア展開してしかけていく面では版元の人間がノウハウを駆使するという分業によって、『ニンジャスレイヤー』は大きくなったのである。

※より詳細かつ具体的なテクニックについては「ニンジャスレイヤー」日本語版公式ファンサイト「ネオサイタマ電脳ＩＲＣ空間」に投稿された「あなたがTwitter上で作品を連載するうえで重要と思われること：虚無の暗黒に挑むには」(http://ninjaheads.hatenablog.jp/entry/2016/01/04) を参照されたい。

13　pixiv小説と深町なか

〝ＳＳ〟（ショートストーリー）と呼ばれる、ＴＶアニメに登場するキャラクターなどを使って書かれた二次創作の短篇小説がある。「ウェブ小説」と聞いて、まっさきにこれを連想する人も少なくない。

ほとんどは数千字程度で、キャラ同士の性愛やネタ的な会話のかけあいを書いたものだ。

商業出版では短篇小説やショートショートの需要は少ない。

しかし、スマホやガラケー、ＰＣで隙間時間に無料で気軽に読み書きできるマイクロコンテンツとして、ＳＳには莫大な需要がある。

書き手も読み手も、ベースになるキャラを共有しているため、説明の手間を省いて好きな世界に浸れることが人気の一因だ。

著作権と一篇の分量の問題から出版社が踏み込むのは難しいが、ネット上の投稿・閲覧プラットフォームは人気を博している。たとえば男性向けならArcadiaや2ちゃんねるのＶＩＰ板、女性向けならエムペ！やフォレスト、ナノなどがある（あった）。

アニメやマンガが好きな層向けのイラスト投稿・閲覧ＳＮＳとしての印象が強いpixivも、このジャンルの大手サイトである。

二〇一〇年七月に実装されたテキスト部門は順調に成長を続け、pixiv全体のアクセスの15％～20％にあたる月間六億ＰＶ（ユニークユーザーは六五〇万）以上を誇る。一日四〇〇〇弱の作品が投稿されている。

pixivテキストのユーザーの男女比は三対七程度、年齢は一〇代が25％、二〇代が60％近く（大学生が一番多い）、三〇代以上が15％。

数多くのマンガをウェブ掲載している「pixivコミック」内には、マンガだけではなく集英社のＢＬ小説レーベル「fleur（フルール）ブルーライン」およびＴＬ小説「fleurルージュライン」が読めるほか、ラノベや一般文芸の商業作品が試し読みできる。ただしこうした「公式作品の配信」よりも、ユーザーが投稿する作品の方が人気が高い。

pixivはイラストでも小説でも同じ感覚で閲覧できるインターフェースを用意したため（たとえば作品名やキャラ名などで辿れるタグ機能など）、話題のアニメ作品の二次創作は小説でも検索しやすい／されやすい。これが結果としてＳＳを増加させ、サービス成長を牽引した。とくに女性向けのいわゆるＢＬ二次創作ではpixivは圧倒的な存在感を誇っている。男性向けでもラノベやアイドルアニメのエロ系二次創作は人気がある。

ほかの小説投稿サイトでは二次創作が禁止されていたり、好みのカップリングでの検索がしにくかったりするなか、pixivは規約もそれほど厳しくなく、使いやすいのが特徴といえる。

こうした動きを受けて「公式二次創作小説」のコンテストも行われている。たとえば二〇一四年夏にはKADOKAWA「カゲロウプロジェクト小説コンテスト」が行われ、優秀作品はKCG文庫から『カゲロウデイズ　ノベルアンソロジー』として刊行された。ほかにもLast Note.『ミカグラ学園組曲』アニメ化に合わせて「ミカグラにオリキャラを出そう！部門」などを行っている。

また、二次だけではなく、オリジナル小説のコンテスト（新人賞）もある。もっとも大がかりなものはavex pictures、GREE、Sammy、pixiv、KADOKAWA 5社協同開催による「ミライショウセツ大賞」。これは二〇一四年に始まったコンテストで、大賞受賞作品はアニメーション化、映像化、優秀賞作品は書籍化される。部門は二つ。ひとつは「テーマ部門」。これは募集期間ごとに設定された「一攫千金」や「ネコ」といったお題に沿った小説を書き、参加タグをつけて投稿するというもの。もうひとつは「ミライショウセツ部門」。こちらはジャンル不問で、書籍化にふさわしい作品であるかどうかだけが問われる。第一期は四六〇〇件以上、第二期は六〇〇〇件以上の投稿を集め、優秀作を受賞した池部九郎『LOST～風のうたがきこえる～』（ファミ通文庫）、ゆずりは『Be mine!』（KCG文庫）、ゆずりは『相沢美月は今日も一途に恋をする』（ビーズログ文庫アリス）が書籍化されているほか、続々と刊行予定である。ただし、まだめぼしいヒット作は出ていない。

コンテスト応募作以外にも、オリジナル小説もある。主立ったオリジナル小説は「ピクシブ百科事典」内の「pixivユーザー原作オリジナル小説まとめ」にリスト化されている。また、ブックマークが多い作品は「オリジナル小説○○users入り」タグ（100、300、500、1000、1500がある）で確認できる。pixivのオリジナル小説を知りたい人間は、そのあたりから辿っていくと入りやすいだろう。

今のところいちばんブクマが多いのは日本大学で駅伝選手として名を馳せた佐藤佑輔選手による「同居人は屍です。」である。二〇一四年の箱根駅伝で日本テレビの実況アナウンサーが「柏原なきあと……」と発言したのを受けて柏原竜二選手が「テレビ実況では死んだことになってるらしいアカウントはこちらです」とTwitter上で反応、さらには「同居人は屍です。」というタイトルのラノベを発売しようかな、とつぶやいたことから、柏原選手の同居人であった佐藤選手が冒頭部分を執筆して投稿、という経緯である。

長篇小説ですらないネタ企画がトップであり、500や1000usersを獲得する小説もそれほど多くない。pixiv小説ではオリジナルは発展途上である。

「なろう」における異世界転生ものや「エブリスタ」におけるデスゲームものや恋愛小説のように、有名作品から派生してできた「勝ちパターン」が決まっていて、あるていどそのフォーマットにのっとったうえでアレンジをくわえないとランキング上位作品になりづらいという傾向は、pixivのオリジナルではそこまで見られない（二次に押されてオリジナルの「キラーコンテンツ」がない）。

コンテストから人気のオリジナル作品が生まれ、映像化がもしうまくいけば「女性向け二次創作が強い」というもの以外のpixiv小説のカラーも対外的に定まってくるのだろう。

深町なか――Twitter／pixivに投稿したイラストから小説へ

pixivに関連したウェブコンテンツの小説化という意味では、pixiv自体の試みよりも、興味深い事例がある。

Twitterアカウントのフォロワー数が四五万人を超え、一〇代から二〇代を中心に人気のイラストレーター・深町なかがネットで展開するシリーズを、作家の藤谷燈子が小説化した『ぼくらのきせき　ほのぼのログ』である。

深町氏の「ほのぼのログ」はTwitterに投稿され、pixivにまとめられている、イラストのシリーズである。イラストのかたちは正方形。寄り添う男女の他愛ないやりとり、小さな子どもをもった若い夫婦の姿などを切り取り、四角い画面に日常の幸せをぎゅっと詰め込んだ作品になっている。きわめて線が少なく、女・江口寿史といった風情がある。

「ほのぼのログ」はウェブ上のイラストにはじまり紙の画集、小説、LINEスタンプ、グッズと展開。イラストを小説にして書籍化するケースは珍しいが、なぜこんなことが可能になったのか。

前段として、一迅社から深町氏の画集『ほのぼのログ　大切なきみへ』が二〇一四年春に刊行され、一〇万部以上を売り上げるロングセラーとなっていたことがある。

筆者は『pixiv Febri』という雑誌で深町氏のファンに「どういうところが好きですか?」というアンケートを採ったことがあるのだが、ファンはタイトルどおり「ほのぼの」しているところ、「かわいい」ところ、「キュンキュンする」「あこがれのシチュエーションが描かれている」「やさしい色づかい」(深町氏のイラストは彩度低めの落ち着いた色みで統一されている)を挙げていた。

ファンは『ほのぼのログ』を見て、距離感が近いのに素直ではない恋人どうしの日常的なやりとりに「キュンキュン」する。そしてその様子は〝自分もこうだったらいいのに〟〝ああなりたい!〟という「あこがれる」もの。それが、ずっと浸っていたくなるような「やさしい色づかい」で描かれていて、つい妄想にふけってしまう……ということのようだ。

それに目をつけ、角川ビーンズ文庫編集部(書籍はビーンズからではなく四六判単行本で刊行)が声をかけたことで、書籍化作業がスタートする。同編集部はボカロ小説も手がけており、別メディアから小説化するノウハウがあった(藤谷氏はHoneyWorks原作のボカロ小説も書いている)。

『ほのぼのログ』はやわらかいタッチで男女や小さい子どものいる家庭を登場させ、「ああ、これって幸せだったんだ」と気づかせてくれるような日常の何気ないワンシーンを描いていたが、ビーンズの編集者は、イラストに描かれている人物たちの物語をもっと知りたい、と思ったのだという。

判型は画集と高さを揃え、絵も比較的大きく見せられる四六判。四六判ならネット発の小説の棚にも一般文芸の棚にも置かれるだろうという判断もあった。購買層は女性七割、男性三割である（筆者もサイン会に行ったが、男性ファンの意外な多さに驚いた）。登場人物が高校生、大学生、社会人と分かれていることもあり、学生だけでなく社会人のファンも多い。恋愛を扱ったイラストだが、少女マンガや恋愛小説ほど刺激が強いものではなく、ファン層のニーズもまた異なっている。

深町氏の存在を知るきっかけの多くは「友だちがTwitterでリツイートしてきた」「LINEでスタンプを見て」というものである。SNSに日常的に親しんでいる若者にリーチする、パッと見てキュンとさせる「一枚絵」としての力が、深町氏の魅力である。

先に『ニンジャスレイヤー』について「時系列順に読まれない」「一四〇文字以内でツカミがないと無視される」というTwitterのインターフェース上の特性を意識した作品づくりがなされていることを指摘したが、深町がTwitterやpixivに投稿するイラストも、同様だ。

たとえば画集にも収録されている、子どもが「お母さんなんかだいっきらい！」と言いつつも母親の手はしっかり握っているイラストがある。ここでは一枚絵ながら、言葉と感情と行動の裏腹さが描かれている。ほかにも恋人同士のやりとりで、目線をそらしていたり、うしろを向いていたり、相手の胸に顔をうずめていたりする。つまり、意図的に見えないところをつくり、見る者に想像する余地を持たせているのである。

さらに、この「うしろすがた」を利用することで、一枚の絵に描かれるせりふまわしのなかで、見えないことを利用して表情を変えてもいる。たとえば「明日ひま？」「何⁉デート‼?」「いや、ううん買ってきてもらいたいものが…」という男女のやりとりを描いたイラストがある（『深町なか画集　ほのぼのログ～大切なきみへ～』参照）。この絵では「何⁉デート‼?」と彼女に対して言っている彼氏の方が後ろを向いて顔が見えないのだが、あえて背中にすることで、一枚絵のなかで時間の動きをも表現しているのである。

一枚絵という「瞬間」を切りとっているように見えるものを描きながら、時間軸や感情の起伏を伴った作品に仕上げているのだ。

さらに言えば、TwitterやLINEで友だちに回したときにイヤがられないテイストを徹底することで、拡散力を増してもいる。この姿勢は、彼女自身が深く関わり制作、販売している、スケジュール帳や卓上カレンダー、トートバッグ、マウスパッド、Tシャツ、メモ帳、ミニ画集などといったグッズでも徹底されている。いわゆる「キャラクターグッズ」然としたものでは、身につけたり持っているのを見られることに抵抗が生まれてしまう。彼女はそうならないように、グッズでは人物イラストよりも小さい子どもや動物をメインに描き、日常的に使えるプロダクトを心がけている。

小説版でも、このような「語らず伝える」「触れる人を選ばない」スタンスは一貫している。

小説は五章立てで、それぞれ別の若い男女の恋愛模様を描いた短編集である。

キャラクターについての詳細な設定や、おおまかなストーリーラインは深町氏にしっかりとしたものがあり（各カップルごとに「好きなもの、きらいなもの一覧」をはじめA4用紙二枚ていどの設定が、深町氏から編集者に渡されたという）、それをもとに著者、編集部と細かくすり合わせていった。

マンガ家ならともかく、オリジナルイラストを手がける絵師が、キャラクターの設定や、出会いからイラストに描かれたシチュエーションに至るまでの物語をイメージしていた点が、『ほのぼのログ』小説化が成功した大きな要因だ。「小説家におまかせ」ではなくイラストレータ自身が全面的にコミット。画集を読んでいるイラストのファンならにやりとするような「あ、あのイラストってこういう背景があったんだ」と思わせるような仕掛けも施したことが、読者に満足してもらえる仕上がりにつながっている。

さらには心理描写などをノベライズを担当した藤谷氏が書きすぎていたところ、重たくしていたところは細かく深町氏の方で情報量を調整したという。

この「語らず伝える」「言いすぎない」「背中で語る」手法は、あだち充や村上春樹に通じるものがある。沈黙や不在、「描かない」ことで読者の想像を促し、作品を豊かに鑑賞させる技法を、彼女も使っている。「Twitterにアップする一枚絵」という制限つきの表現からスタートし、その制約のなかで「たった一枚のイラストに、どれだけ感情を揺さぶる要素を詰められるか」「RTしたくなるイラストとはどんなものか?」を徹底して思考したからこそ、彼女はこうした技術を、そして広範な人気を獲得しえたのだろう。

「さとり世代」「マイルドヤンキー」論で知られるマーケッターの原田曜平は、大学生女子がSNSに「明らかに年上の男とドライブデートしているその車中から撮った写真なのにそうとはひとことも言わないし男の顔も写さない」写真をアップするような表現を「間接自慢」と呼んでいるが、一枚絵のなかに前後のストーリーやシチュエーションを想像させる深町氏の作品も、若い世代によく見られるテクニックの発露なのかもしれない。いずれにしろ深町なか氏は、ウェブ発らしい〝わかりやすい〟感情表現の強さと日本人らしい〝奥ゆかしさ〟が同居する、現代的な感性をもつ作家である。

14 comico BOOKSから考えるO2Oと「編集がタッチしない」ことの功罪

累計一〇〇〇万ダウンロードを突破したマンガアプリ／プラットフォームcomico（運営・NHN comico）がノベル機能を実装したのは二〇一五年四月のことだ（図15）。

comicoは人気作品『ReLIFE』『ももくり』などが書籍化、『スーパーショートコミックス』などの映像化も発表されている。comicoはマンガもノベルも誰でも投稿できる「チャレンジ作品」と、そこで人気の「ベストチャレンジ作品」からリクルートしたり、作家をスカウトして連載している「公式作品」の三部門からなり、公式作家には毎月原稿料が支払われる。運営は韓国のIT／ゲーム会社「ネイバー」の子会社「NHN comico」。comicoのフルカラー＋縦スクロールスタイルは、韓国のウェブマンガ「ウェブトゥーン」に由来している。

ジャストシステムの調査によればcomicoはユーザーの男女比が約四：六。同じくマンガアプリである「マンガボックス」や「ジャンプ＋」が六：四〜七：三であることと対照的に、一〇代〜二〇代女子が多い。コミックのランキング上位作品は淡くてやわらかい色づかいのラブコメや、かわいくてハイテンションなギャグ（『ミイラの飼い方』など）、雰囲気のある『坊っちゃんとメイド』、女子同士のいじめを描いた『傷だらけの悪魔』がある。また、『ReLIFE』や『和おん！』などはウェブ小説とも共通の流行りである転生もの。若い読者に関心が高い進路や就職で悩む主人公を描いたもの（『ReLIFE』『夜間学校の裏先生』など）も見受けられる。人気作品が猟奇的な暴力表現やエロを重視したものに傾いているマンガボックスとは対照的だ。ノベルでも、恋愛もの、学園ものといった軽めのジャンルが好まれている。

図15　「comicoノベル」トップページ（http://novel.comico.jp/）

同じく若い女性にユーザーが多いpixiv／pixivコミックとの違いはどうか。comicoでは公式作品は一話三〇コマ以上、小説でも公式では週刊連載で一話は二五〇〇～四〇〇〇字目安という分量の規定があるため、pixivと違って四コマのような一区切りが短いマンガや小説がない。内容で言うと中二病女子の心をくすぐるダークで残酷な（カニバリズムを描いたような）作品や、男しか出てこないものもpixivでは人気作のなかに見受けられるが、comicoではあまり目立っていない。女子に人気と言っても、pixivのほうがやや味付けが濃い。

　comicoは二〇一六年一月現在では、課金機能も広告機能も持っていない。そのビジネスモデルは、アプリ上のマンガやノベル自体で稼ごうという発想ではない。チャレンジ作品、ベストチャレンジ作品、公式作品でたくさん種を蒔き、IPとして大きく育ちそうな人気作品を原作に、グッズやアニメ、映像、ゲームなど他メディアに展開することで収益を上げる、というものだ――「書籍化」もそのひとつの選択肢にすぎない（ただし、有料の電子書籍化は現在考えていない）。comicoでは「マンガやノベルという表現媒体である必然性が求められていない」「メディアミックスしやすい有力な原作が欲しい」だけだとも言える。

一五年一一月には、comicoノベル初の書籍化作品として、櫻木れが『彼氏くんと彼女ちゃん』が双葉文庫から刊行された。これは同年一〇月に創刊された、双葉社とcomicoが提携するコミックおよび小説のレーベルcomico BOOKSの中の一点である。

comicoノベルは、アプリ上では横書き、縦スクロールである。地の文は普通の小説と同じだが、セリフの部分をキャラクターの顔とフキダシを使って表示するという独特の形式を採用。多くの小説投稿サイト同様、改行の幅やフォントを変えられるだけでなく、人物のアイコンや背景の色も作家が変えられるため、凝った演出をする書き手もいる。このようにcomicoのコミックに近いインターフェースを採用し、comicoの人気コミックのスピンアウトをノベライズするなどして、小説を読み慣れていない若い層を惹きつけている。現在人気が高い作品『そのボイス、有料ですか?』は「音声付きノベル」というさらに独自の展開まで果たした。

しかし書籍版は縦書きにしてアイコン表示をなくし、代わりに情景描写や心理描写を加筆修正した「一般文芸」として販売。これは「小説家になろう」や「E★エブリスタ」といった横書きのウェブ小説が書籍化されるときと同じパターンだ。ウェブのまま紙にするとスカスカに見えるが、横書きのまま加筆すると読みにくいため、縦書きにしてアレンジを加えている。

comico BOOKSの施策で注目したいのは、いわゆるO2O（online to offline）——ウェブからリアル書店への送客、アプリと小売店の連動だ。

提携する双葉社はcomico BOOKS創刊にあたり、書店に対して「応援店」（ノベルを含む「comico」全体の応援店）を募集。北海道から沖縄までの約四五〇店舗が集まった。応援店には、拡材セット（POP、ポスター、販売台、配布用試し読み小冊子、棚プレートなど）を送付。また、展開にあたり、双葉社以外から刊行されたコミコ書籍も「comico棚」として展開してもらうよう要望している。comicoでもcomico BOOKSの設立にあたり営業部員を採用し、書店と一緒に何ができるかを考えているという。

もっとも強力な施策は、ユーザーに対して、アプリ内で「あなたのお近くの応援店はこちら」といった告知を積極的に行っていることだ。

自分がよく読んでいたり、お気に入りに入れていたりする作品の書籍が刊行されたら、その発売日に「あなたの近くのこの書店に入荷予定です」とアプリから自分の持っているスマホに対してプッシュ通知が送られてくる——これだけで顧客の行動は相当に促されるはずである。

実は、たとえば「なろう」書籍化では（「なろう」がモバイル端末向けのアプリを配信していないこともあり）、こうした手法は用いられていない。せいぜいバナー広告を出すだけだ。しかしcomico BOOKSの事例は、アプリで作品を生み出し、ファンを育て、版元の編集者が本としてふさわしいかたちをつくり、アプリと版元の営業と書店が連携して送客し、本の購買に結びつけるという、当たり前だが。効率化しきれていなかったことをやろうとしている。comico BOOKSはまだ始まったばかりだが、それぞれのノウハウを活かしたプロモーション／販売手法から、次のヒットが生まれる日は、遠くないかもしれない。

『保留荘の奴ら』炎上問題——「編集が作品に立ち入らない」ことと倫理規定

販売面では有効な試みがある一方で、comicoは「公式作品」の運用およびウェブから紙の書籍化に際して、問題が起きたものもあった。

殺人鬼を美化した作品として『保留荘の奴ら』をめぐって大炎上した事件である。

このマンガは「天国でも地獄でもない「留国ゆき」にされた記憶喪失の主人公・山田トム（仮）と、留国にある「保留荘」の住民たちとの日常を描いたドタバタ共同生活コメディ」（ピクシブ百科事典の説明より）——なのだが、この舞台となる「留国」が、前世で殺人などの重犯罪をした者たちの吹きだまりなのである。それぞれのキャラクターは実在の人物をモデルにしており、著者は「元ネタを探してほしい」と公言し、ヒトラーまで登場する。さらにはED（性的不能者）を差別するような発言などもギャグとして描かれていた。

なぜこの作品の問題点がおおごとになったかと言えば、理由は三点ある。

まず第一に、アプリ上で読まれているだけであれば一〇代～二〇代にしかほとんど読まれていなかったため、多くの大人はこの作品の存在を知らなかった。知っていても「イヤなら読むな（子どもに読ませるな）」と言われておしまいだった。しかし、カドカワから書籍化され、女子小中学生の親たちが子どもから「買って」と言われて買ってあげ、自宅で「どれどれ」と自らも読んでみたところ、犯罪者や差別を肯定するとんでもないマンガじゃないか、と仰天したわけである。書店で売るさいの配慮も注意書きのひとつもなかった（適切にゾーニングがされないまま販売してしまった）ために、クレームの嵐になってしまったのだ。

第二に、カドカワの編集者が書籍化するさいに、修正を施さなかったためである。校了するときにローティーンも読むことを意識せず、問題と思わなかった版元にも問題があった。

第三に、comicoは「公式作品」に関して作品の進行や作家のマネジメントを担当する「編集者」的な役割の人間がいるにもかかわらず、「作品内容に関しては著者にゆだねている」という公式見解、基本的なスタンスに基づき、この問題を放置し続けたためである。

comicoが「なろう」と違うのはどこか。「なろう」は完全にいわゆるCGMであり、書き手が書きたいように書く。原稿料を払ってくれる存在はいない。しかしcomicoは「公式作家」システムを取っており、comicoから著者に対して毎月定額＋アクセス数などに連動するインセンティブを支払っている。つまり出版社が作家に対して原稿料を支払うのと似たようなシステムを取っている。既成出版社であれば通常、掲載誌で問題が発生した場合、会社として責任を取る。編集者に懲罰を下す。だがcomicoは、マンガ雑誌の編集者ほどは作品内容に立ち入らないことにしていた。したがって、倫理的に問題があると指摘された表現に関してどうすべきか、おそらくルールを決めていなかったか、「炎上しても突っぱねる」という方針だったのではないか。しかし騒ぎは収まらず、単行本が二〇一五年一月に発売された約半年後の八月にようやく「連載終了」に至ったのである。

ここからの示唆とは何か。

まず、低年齢向け（一〇代向け）ウェブコンテンツの書籍化に際しては、版元は倫理規定に関してセンシティブになったほうがよい。また、プラットフォーマーも、他メディア展開するときには、作品の人気にあぐらをかかずに、本なら本の世界の作法、ルールを見たほうがよい。もちろん、少年マンガ誌やライトノベルレーベルが自主的に設定している倫理規定や性表現、暴力表現に関する規制は、場合によっては「いきすぎ」なこともある。作品づくりを窮屈にしている面がないとは言えない。対してウェブコンテンツでは、そうした自主規制がない。明白に法的に違法なもの以外は簡単に削除されない。その自由さは、ＣＧＭの魅力でもある。けれどもひとたびアプリから書籍へとメディアを変えれば、それに触れるひとたちは「書籍」に対して要求する倫理規定を暗に求めてくる。

本書ではくりかえし、ウェブコンテンツの書籍化とは、たんにデータをコピペすれば済むものではない、と主張してきた。メディアによって許される表現の線引き、倫理や差別表現をめぐる自主規制に関しては、とくに注意深くならねばならない。

15　ARG小説は日本に根付くか？

宇宙からやってきた謎の知的生命体が、地球人類の古代民族の末裔である少年少女一二人を召喚して告げる。「世界のどこかに隠されている三つの鍵を順番に見つけた民族だけを残し、地球人を全滅させる」と。『ハンガー・ゲーム』に代表される、アメリカのヤングアダルト小説で人気のデスゲーム／ディストピアSFの流れを汲んだ、ジェイムズ・フレイ、ニルス・ジョンソン＝シェルトン『ENDGAME THE CALLING』は、ただの小説ではない。SNS「Google+」上の特設ページから登録すると、読者がプレイヤーとなって五〇万ドルの賞金が懸けられた全世界同時のウェブ連動の謎解きゲームに挑戦できるのだ。

『エンドゲーム』は、大規模かつメディア横断的な展開を特徴としている。

書籍内の画像や数字に謎が隠されており、そのヒントは書籍に埋め込まれたURLをクリックすると表示される地図や動画などに隠されている。

また、Twitter上にキャラクター名のアカウントがあってサブストーリーが随時更新され、本編の前日譚的な内容のARG（代替現実ゲーム）、位置情報ゲーム『イングレス』のスタッフが制作するモバイルゲーム、二〇一六年公開予定の映画とも連動していく予定である。「ARG」とは、現実世界を使って行われる参加型のゲームである。参加者自身が主人公となり、謎を解いたり、実際の場所に赴いたり、他の参加者と協力してストーリーを進めていくのが特徴だ。『エンドゲーム』は小説を使ってARGをする「ARG小説」である。

日本で翻訳出版を手がけたのは学研パブリッシング、アニメ雑誌「メガミマガジン」編集部である。小説の翻訳は金原瑞人氏と井上里氏が手がけているが、ウェブ上に次々と英語でアップされる動画やテキストといった追加コンテンツの日本語への翻訳は、語学に堪能な担当編集者自身がTwitter上でリクエストを受け付け、随時行っていた。

先述したとおり、これまでの出版では売り切り型の「パッケージ型」コンテンツが主流だったが、ウェブサービスやモバイルゲームではユーザーの反応を見ながら追加コンテンツが順次投下されていく「運用型」コンテンツが主流である。『エンドゲーム』も本質的には後者だ。

ウェブをベースにした「ARG小説」は、『エンドゲーム』以外にも、日本発でもいくつか試みがある。たとえばTRPGなどで知られるグループSNEが二〇一四年の夏と冬に行った「3D小説 bell」。こちらについては「「3D小説 bell」におけるARG的ストーリーテリングの可能性」(http://game.watch.impress.co.jp/docs/news/20150826_718033.html) という記事がよくまとまっているのでぜひ一読いただきたい。簡単に言うと、ユーザーたちの選択肢によって連載している小説の結末が変わったり、ユーザーがニコニコ動画や実在する場所に行くことで次の展開が生まれる、といった現実と連動しながら小説を体験させるプロジェクトだった（これはクリエイター側から版元に企画を持ち込んだものだが、現実的には、版元では「お付き合い」からいちおうやっている〝政治的〟案件として、版元では可能なかぎり、小規模で行われていた）。

また、カゲロウプロジェクトの読者参加企画として「カゲロウデイズＡＲＧ『メカクシ団：ウォッチャーズ』」が二〇一四年に行われ、のちに記録が書籍化されている。

海外では二〇〇〇年代から、日本でも二〇一〇年代以降、映画などのプロモーションでＡＲＧを使うことは増えている（「事例紹介 映画『ダークナイト』ＡＲＧ『Why So Serious?』」http://arg.igda.jp/2012/07/argwhy-so-serious.html などを参照）。

しかしプロモーションツールではなく独自コンテンツとして見た場合、日本では途上だ。

まず第一に『エンドゲーム』も『bell』も『メカクシ団：ウォッチャーズ』も書籍は売れていない。マネタイズに難がある。『エンドゲーム』は公式情報はすべて英語で配信されていることもあって日本の読者はウェブからゲームに参加しようと思っても置いてけぼりな感があったせいもあるが、『bell』と『メカクシ団』は日本語でＡＲＧを楽しむ人たち（ウェブで付いた客）はそれなりにいた。だが、紙の書籍になってリニアな物語として再編集されたときには、買う人が少なかった。「ウェブコンテンツを紙の書籍という別のメディアに移し替えてパッケージするさいのアレンジが重要である」という観点から言えば、日本でのＡＲＧ小説ビジネスに関してはまだアレンジのしかたの「正解」が見つかっていない。ただしＡＲＧ小説派、ウェブと現実を連動させる試みとしてはおもしろく、可能性も大きい。体験自体に課金するなど、マネタイズ手法さえ開発されれば、日本でも根付いていくだろう。

16 ウェブ小説先進国・韓国

じぇにゅいん作『俺、りん』は小説投稿サイト「小説家になろう」に連載され、日本人が日本語で書いた作品ながら、日本語版書籍の前に韓国語版が出た。刊行を手がけたのは朴寛炯（パク・グァンヒョン）編集長率いる株式会社イメージフレーム。

日本ではあまり知られていないが、韓国はウェブマンガやウェブ小説に関しては日本よりも先達である。ここでは日本と比較しながら、韓国のウェブ小説の現状を見てみよう。

まず韓国の出版状況だが、九〇年代以降、市場規模は日本同様に減少している。ただし韓国では九〇年代から現在まで、物価が一〇年間で四〇％ほどずつ上昇しているから（日本のように物価上昇が長期にわたってほとんど止まっているデフレの国は少ない）、金額ベースで見た場合の市場規模は、そこまで減少していない。

書店数は国内に一五〇〇店ほどだが、こちらも日本と同じく年々減っている。もっとも、韓国ではネット書店が二〇〇〇年前後から勃興しはじめた。Amazon.co.jpは二〇〇〇年一一月オープンだが、Amazonは韓国市場について考えていなかったあいだに韓国では国内ネット書店が隆盛、結果、今もAmazonは進出できていない。

マンガ市場は「娯楽用漫画の紙の本の出版」（七〇〇億ウォン市場）、その二倍程度と推定されている「学習漫画と実用漫画」市場、近年縮小が顕著な「貸与漫画市場」、逆に大きく成長した「ウェブトゥーン」（フルカラー＋縦スクロールで基本無料で読めるウェブコミックのスタイル。日本では「comico」などが展開）と「オンライン漫画の有料連載市場」（七〇〇億〜一〇〇〇億ウォンと推定）がある。ウェブトゥーン市場は「広告売上」として計上されるため、普通は「韓国マンガ市場」の統計に入らないことが多い。つまり、「紙の本または有料の電子書籍」として「販売」されているものしか「韓国マンガ市場」にカウントされていない。

日本では「純文学」の需要は減り、ラノベやその周辺ジャンルは比較的元気だが、韓国でも文学の市場規模は減り、ラノベ市場はここ一〇年でかなり大きくなった。小説分野のベストセラーの二〇％〜三〇％ほどをラノベが占めているという（『涼宮ハルヒの憂鬱』や『ソードアート・オンライン』は韓国でも大ヒット）。とはいえ韓国の新聞・放送などの記者や文芸評論家は、ラノベがどんなもので、どれくらい読まれているのか、ほとんど知らないようだ。サブカル分野の小説（「ジャンル小説」）の市場全体でもっとも大きな市場は（女性向けの）ロマンス小説である。歴史を遡ると、日本でラノベ、その前ならジュブナイルが占めていた位置に該当するのは、韓国では九〇年代までは武侠小説、そして九〇年代末以後はファンタジー。女性向けのロマンスはそのころから強い存在感を持っていた。

また、日本の電子書籍市場は「紙で発行された本の電子版（電子書籍への転換）」を中心にして形成されているが、韓国では紙の本で出版されたことのないウェブ小説を有料化したり、はじめから電子書籍として出版したものの市場規模がはるかに大きい。

韓国では、本書で紹介してきたような「ウェブ小説が紙で書籍化されてヒット」した事例は二〇〇〇年代以後はほぼ存在しない。ウェブ小説は紙で出版せずとも、ネット連載での売上(有料連載など)で成功しているからである。

韓国の代表的な二つの小説投稿サイトは日本の「小説家になろう」より長い歴史を持ち、有料連載で売上を上げている。韓国ウェブ小説の人気ジャンルは男性向けではファンタジー、女性向けではロマンスとBL。日本では「なろう」などが「流行っている」が、韓国ウェブ小説はすでに一五年の歴史を持ち、「新しい」という感じではない。むしろ「老舗サイト」と化している(日本でも遠からずそうなる)。むしろ韓国では、日本のラノベの方が「新しいブーム」なのだ。「小説家になろう」によくある異世界転生ものやゲームっぽいものは、韓国では二〇〇〇年代初頭に流行ったため、「今どきの流行りじゃない」と思われているという。

イメージフレーム社・朴寛炯氏に取材したさい、私は「なろう」の傾向についてどう思うか尋ねた。あくまで個人的な見解では、と断った上で、朴氏は、「小説家になろう」上でのランキングやポイントなどは現在の流行がどういうものなのかを知るにはいいが、その作品の面白さや完成度と必ずしも一致しない、と言っていた。日本では流行っていない非メジャージャンルの作品でもレベルが高く、出版していいクオリティのものも多いと思う、と。

同社はそこに目をつけ、日本でも韓国でも珍しい、青春野球もののライトノベルとして『俺、りん』を——日本語版が出ていないにもかかわらず——韓国で翻訳出版することに決めた。

この事例から示唆されることは何か。

まず、日本で現状一般的であるパッケージ型の（一冊ごとに販売している）電子書籍とは異なる、有料のウェブ小説連載も、決済機能やプラットフォームのデザイン次第で広めていくことは可能だ、ということ。すでに日本でも、「なろう」で無料で読める作品が紙で書籍化され、それが有料の電子書籍化され、（奇妙な事態に感じるだろうが）実は一部の作品はそれなりの売上になっている。また、「エブリスタ」では「特定作家の新作を読みたい場合は課金してね」方式を取っているし、ドワンゴが提供しているブログサービス「ブロマガ」でも有料課金機能がある（そこで小説を書いている作家もいる）。これらがたとえば文藝春秋が小説誌「別冊文藝春秋」を紙版をやめて電子のみに移行したことと異なるのは、無料でかなり読める部分を残した上で有料販売／課金していることである（既成出版社は、小説を「基本無料」モデルで提供することに対して抵抗が強い）。マンガでは『アニウッド大通り』の記伊孝のようにＫＤＰ（Kindle Direct Publishing）だけで「紙で販売しなくても十分稼げる」作家が現れている。小説でもマーケットの大きいライトノベル系であれば、じきに可能になっていくかもしれない。

また、『俺、りん』は『櫻子』とケースが似ている。どちらも掲載されているプラットフォーム上では人気はさほどではなかったが、別の場所に移したところ「商品価値がある」と判断された。『俺、りん』のように「国を変えて売る」という選択肢もある——もちろん、「買い手」が作品を発見するのであって、書き手や売り手が押し売りをしても成功する見込みは薄いが。

朴氏は、日韓の小説／サブカルチャーを比較して、韓国人は表現活動を通じて社会や政治を描くという発想からどうしても逃れられないが、日本のオタクコンテンツは快楽だけを追求した作品が多いことが魅力である、というようなことも語っていた。日本のアニメやウェブ小説は、願望充足的であることを否定的に語られがちだが、それはむしろ他とは違った個性として肯定的に捉えることもできる。『指輪物語』のようなファンタジーを通じて別世界へ逃避することは、かつてカウンターカルチャーであった――有用さや意味ばかりが求められる現実社会をもっとも苛烈に否定する行為である、と記したのは『別世界通信』の荒俣宏だった。朴氏と荒俣宏の主張をあわせて考えるのであれば、日本のウェブ小説に「描かれていない」ことに注意を払うことで、日本の大衆がもっとも否定し批判し、あるいは目をそむけたい現実、社会、政治が見えてくる、とも言えるのではないか。たとえば二〇一〇年代を通じて日本では、地震や津波、原発やデモなどを無視できずに触れてしまう純文学作品が少なくなかった（ただしそこから生まれた傑作は少なかった）こととは対照的に、ウェブ小説ではほとんど言及されることがない。わずかに震災の影を感じられるのは『ログ・ホライズン』くらいだろう。これは北米のKDPから生まれたアンディ・ウィアー『火星の人』やヒュー・ハウイーのサイロ三部作などのスタンスとも異なる。『火星の人』は火星に取り残された科学者が絶体絶命の状況でサバイバルし、脱出を果たす物語であり、サイロ三部作は地上が汚染されて地下一四四階に及ぶ巨大空間に資源も乏しいなか暮らすことを強いられる人々が、やはり脱出を果たす物語である。

こうした過酷さや生きにくさに、リーマン・ショックのあとウォール街占拠運動を生んだ社会に対する批判的な気分を読み取るのはたやすい（ハウイー作品では階層＝階級であり、上位階層に住む人間は相対的に快適だ。そしてその階級社会に対する革命が描かれていく。主人公たちも、書き手も、読み手も、「下層民である」という意識を共有している）。極限状態からの脱出というだけなら「エブリスタ」的デスゲームもそうだが、日本でヒットしているウェブ小説のデスゲームは、人々に死をもたらす「ルール」は描いても、サイロ三部作のように世界観を仔細に構築し、社会を描こうという姿勢はない。複雑な社会背景があいまってわれわれを追い込んでいるのではなく、「ゲーム」がそうしている、という認識を書き手も読み手も好んでいると言っていい。「なろう」系もデスゲームものも、海外の人気ＫＤＰ作品には自然に埋め込まれているような「現実社会の寓意」としての仔細な世界設定を捨象している（もちろん、海外にも社会性などほとんど感じられない『Fifty Shades Of Grey』のようにベタベタなロマンス／ソフトポルノもあるが）。これは日本のウェブ小説に対する批判ではない。ある種の日本人は、世俗の喧騒を離れ、自分たちが生きる現実のことを忘れさせてくれる時間を切実に求めているということを確認したいのだ。現実に起こった騒がしく重い事件は、それゆえに想像の世界からは遠ざけられている。先進国でもっとも長時間労働であり、自己評価も低いという日本の青年や中年が、カラダとアタマが疲れ切った状態で味わうひとときの娯楽の時間に、いったいどんなものを望むのか。ここに目を向けることなくして、日本でなぜ本書で紹介してきたようなタイプのウェブ小説が活況なのかは理解できない。

いずれにしても、「現在の日本のウェブコンテンツビジネスのありかた」「消費者のありかた」「娯楽小説のありよう」が全世界、どの時代でも変わらないものだという思い込みは捨てたほうがよいことが、韓国をはじめてする他国のウェブ小説を置くことで見えてくる。

※朴氏へのインタビューの仲介、翻訳および韓国出版事情についての情報提供は出版エージェントや翻訳・ライター業を手がけるコミックポップ・エンターテインメント代表の宣政佑（ソン・ジョンウ）氏にご協力頂いた。記して感謝したい。

第七部
よくある疑問・誤解・批判に応える

17　既成出版社が小説投稿プラットフォームをつくれない／うまく運用できないのはなぜか

最後に、ウェブ小説に関してよくある疑問や誤解、批判に応えておこう。

まずは「そんなに小説投稿プラットフォームが魅力的なメディアなのであれば、出版社が自前で開発・運用すればいいではないか」という疑問からだ。

出版社は開発・運用しないし、（うまく）できない。

なぜか。その理由をここでは解説してみたい。

一、意思決定やプロダクト提供に関する考え方の違い

ひとつめは、組織文化的な問題である。出版社はこれまで「間違いがない完璧な状態にして本や雑誌を世に送り出す」というスタンスでプロダクトをつくってきた。本は一度刷ってしまえば、重版しないかぎりは訂正の機会がない。したがって世に出す前に誤字脱字や事実誤認のようなミスはゼロにしなければならない、という考えが染み着いている。「ミス＝悪」であり、拙速であることより正確さを重んじてきた。こういう文化・思想により、必然的に意思決定は

遅くなる。

ウェブの世界の発想は「間違ったら直せばいい」「失敗の経験は次に活きる。むしろPDCAを回さないで一発でうまくいくと思っている方がおかしい」「意思決定を速くしないと出し抜かれる」というものである。真逆だ。

最近ではさすがにないと思うが、筆者がそのむかし勤めていた出版社では、編集部員が書くブログ記事などネットに発信する情報すべてに、いちいち編集長の事前チェックを必要としていた部署があった。文字校正や内容の検閲などをバカ丁寧にされたら、発信のスピードは落ちるし、書く気も失せる。ウェブではある種のチャラさや軽さ、読者との距離の近さが必要とされるのに「これ、いちいちあのジジイがチェックするのか」と思っていたら（そして内容にも干渉してきたら）、おもしろいことも書きにくくなる。

「問題はない方がいい。たとえそれによって機会損失が生じても」という出版社的なスタンスでは、「サービスを提供していく上では多かれ少なかれ問題は起きる。それをどうマネジし、カイゼンしていくかだ」というスタンスで臨まなければそもそもうまく回していくことができないウェブの世界に飛び込むことをためらってしまうのである。

二、エンジニアを採用できない、人事制度上の問題

ウェブサービスに本腰を入れて開発・運用していくにはエンジニアやウェブデザイナを内製化し、編集者と机を並べるか、せめて同じフロアくらいの距離感で仕事をしていく必要がある

（外注ではコミュニケーションコストが増え、スピードが落ちるため、内製化している競合サービスの提供者と戦うことはできない）。だが、これがほとんどの版元にとって難しい問題となる。

人事制度的にムリなのである。

第一に、昨今では優秀なエンジニアは枯渇しており、出版社の人間に払っている報酬ていどでは採用がむずかしい（年収一〇〇〇万前後払わないと雇えないこともザラである）。

第二に、多くの版元はエンジニアを過去に正社員として採用したことがない。したがって、エンジニアのキャリアパスも報酬体系も人事制度上、存在していない。編集だとか営業だとかいった人たちのキャリアパスや報酬設計を微調整するのとはわけが違う。どんな待遇、どんな中長期的なビジョンを示せばエンジニアが来てくれるのか、社内にわかる人間がいない。たとえ高いカネを払うことができても、エンジニア側から見た場合には不安材料がゴロゴロしていることになる。以前、ある老舗出版社が求人サービスWantedlyでエンジニアを募集していたのだが、私はその版元の編集者から「最近うちに出入りしてるみたいなんですけど、Wantedlyってあれ、何ですか？」と聞かれて愕然としたことがある（おそらくWantedly側からの売り込みがあって、やってみたのだろうが）。Wantedlyすら知らない、ウェブサービスのトレンドや勘所がわからない人たちがうようよしているなかに飛び込み、成果をあげていくのは、厳しそうに思える。スタートアップ界隈（ベンチャービジネス界隈）では「プログラミングによってはおよそ何ができて、何ができないのかをわかるひとが経営陣にいないとアプリやウェブサービスの開発は苦労するし、エンジニアの採用、エンジニアとのコミュニケーションも難しい」と言われている。アナログな世界でやってきた出版社の人間がエンジニアに対して付ける注文のムチャぶりたるや、想像してあまりある。

エンジニアを欲しい版元と、版元が持つＩＰやコンテンツ開発力が欲しいＩＴ企業／ゲーム会社でジョイントベンチャーをつくって運用するか、お互い出向させるようなかたちを取れば、エンジニアの（擬似）内製化は可能かもしれないが……。

三、新規事業開発をしてこなかったツケ

エンジニアの採用以前にウェブサービスをビジネスとして成立させられるのか、という問題もある。

出版社の人間は、本や雑誌を作って売ることには長けている。既成のビジネスモデルを使って、誰向けの、どんな本／雑誌をつくって、どう売るのか、についてアレンジすることに関しては、頭がまわる。

しかし、それ以外のビジネスモデルをつくってまわすことには、慣れていない。「本や雑誌を作る」以外の新規事業を立ち上げたことがある人間が社内にひとりもいないことも、ままある。これではウェブサービスを基軸にしたコンテンツビジネスを設計・運用することはできない。「やれ」とか「やるな」とジャッジする立場の人間たちがウェブサービスの勘所がわからないばかりでなく、事業に対する評価軸を持っていないのだから。

私自身が出版社勤務時代にＭＢＡを取りに行った経験からも断言できるが、出版社の人間は、

向こう数年単位での予測P／Lが切れれば相当マシなほうで、経理を除けばほとんどの人間が財務諸表の見方、使い方すらわかっていない。「やろう」と思っても予測P／Lすらつくれない。

いや、どんぶり勘定でもいいから売上と費用の予測をExcelでつくったとしよう。しかし、それをもとに新規事業のGo／NoGoを判断する会議にかけるとどうなるか。「失敗したらどうするんだ」とばかり言われて、進まないのである（先に述べたように、出版社はとにかく「失敗を嫌う」「ミスがないよう、事前に完璧に」という風土だからだ）。裏を返せば「失敗したらどうなるのか」が社内でロクに決まっていない。もっと言えば「失敗」の定義すらなされていない。社内で「失敗とはどういう状態を指すのか」のコンセンサスを取ることすらできない。「「失敗」とはこういう状態を指す」「失敗した場合、事業の責任者の評価はこうなり、したがって待遇に関してはこうなる」と決まっていないから、何も動かせない。決まっていれば、それを承知で、やるか、やらないかの意思決定だけで済む。しかし現実には、その前段階で曖昧な議論をくり返し、うやむやのうちに「何もしない」を選択するに至る。

以上、

一、意思決定やプロダクト提供に関する考え方の違い

二、エンジニアを採用できない、人事制度上の問題

三、新規事業をしてこなかったツケ

三点が、ほとんどの既成出版社がウェブ小説投稿プラットフォームを始められない理由である。これらが解消されれば開発・運用はされるようになっていくだろうが、私には根本的にムリなように思われる。

開発できたところで、成功させられるかどうかは、また別の大きな問題である。

18 ある新聞記者との対話——ウェブ小説に死角はないのか?

二〇一四年頃に、ある新聞社の文化部記者から、ウェブ小説について取材を受けたことがある。その記者およびその上司は、ウェブ小説に対する典型的な誤解や批判をぶつけてきた。

ここでやりとりを再現してみることで(一部はこれまで書いてきたことと重複するが)、ウェブ小説に関するよくある疑問に対するQ&Aがわりにしたいと思う。

Q. 私は文学部出身なんですけど、村上春樹や村上龍みたいな日本の最近の文学を読んでいるひとはいたんですね。でも、ライトノベルとかネットの小説読んでるひとなんかまわりにいなかったんですよ。ほんとにそんなに読まれてるんですか?

A. 「なろう」にしろ「エブリスタ」にしろ、サイト上に数字が出ている。また、書店や取次の文芸書ランキングでもウェブ小説を書籍化したものはベストセラーに入っている。個人の感覚で判断する前に、現実を見た方がいい。過去にあなたのまわりにそういうひとがいなかったからといって、数字、ファクトを無視して軽んじるのはおかしい。

Q. ネットの小説は、基本的に若い人が読んでいるんですよね？

A. サイトにもよるが、基本的に一〇代から五〇代くらいまでには読まれている。必ずしもユースカルチャーではない。

Q. ネットの小説って、やっぱり一部のオタクのものっていう感じなんですよね？

A. サイトにもよるが、いわゆるオタク層とは限らない。たしかに「なろう」にゲームっぽい小説は多いが、そもそも日本人男性の趣味としては小説よりゲームの方がもはやポピュラーである。「本好き」「小説を好む人」のほうが「少数派」であり、ゲーム好きを「一部の人間」扱いするのは間違っている。

スマホをいじっている時間のほうが紙の雑誌や本に触れている時間より長いひとが多い昨今、ネットで文字を読む（小説を読む）ことを「特殊なもの」扱いするのは無理筋。

Q. 特定のタイプの、程度が低いくだらない作品ばっかり流行っていて、作品の多様性がないんじゃないかと思うんですが、どうなんですか？

A. 流行りがあること、流行りに乗っかった作品が目立ち、そうでない作品が埋もれがちなのはウェブ小説に限らず、どのジャンルのエンタメでも起こっていることにすぎない。それをもってウェブ小説を断罪するのであれば、既成の紙の小説も同様に批判すべきである。

そもそも「特定の傾向の作品ばかりが受ける」のは、読み手の需要が多様でないからであって、書き手の供給の問題ではない。いくつかの小説投稿サイトをランキングに頼らず適当に拾い読みしてもらえればすぐわかる。さまざまなタイプの作品が投稿されている。供給サイドから言えば多様性はある。ただ、ウケる／ウケないに偏りが出るのは、読み手のニーズに偏りがある以上、どうしようもない。これはサイトの構造やそこに集う人たちの問題ではない。そもそも人間がフィクションに求めるニーズやレベルが偏っている。それを変えたければ、人間の脳を改造するしかない。

また、ウェブ小説サイトにはタグ検索があるし、感想サイトもいくつもあるから、ランキング上位以外の作品でも、読者は好みに応じて自分に合った書き手を見つけて読んでいると思う。

Q. 今の「なろう」の流行りだって、かつてのケータイ小説みたいに一時の流行で終わるんじゃないですか？

A. 特定のサイトの流行りが長続きするかどうかは、さまざまな要因が絡むから、なんとも言えない（実際ボカロは数年で下火になってしまった）。たとえ落ち込んだとしても「ウェブ↓紙↓映像化」のサイクルがうまく回るかぎりは、今の紙の文芸誌・小説誌に比べれば規模的にも勢い的にもはるかにマシなものとして続くだろう。

それ以前に、一時の流行で終わったら何が問題なのか。長く続いたり、残ったりするものがえらいなんて、誰が決めたのか。

Q. ウェブ発のほうが紙よりもウケるとか売れるとかいう以外の軸で、小説の文化的な価値をもっと考えた方がいいんじゃないですか？　売れないけれども文学的な価値の高い「いい本」だってあるでしょう？

A. もし紙の世界の作家や記者が、出版ビジネスの商売の部分を否定して文化的な価値だけを称揚するのであれば、今すぐ自分の本や雑誌に値段を付けて売るのをやめて、ウェブ小説のプラットフォームにアップして無料で読めるようにしたらいい。「売れなくてもいい」「多くの人に読まれなくても、自分の作品の価値を信じる」という書き手はウェブにもたくさんいる。無料で読めるようにしている時点で、紙で値段を付けて売っているくせに「商売よくない！　文化大事！」などと言っている人間よりも、純粋に文化というものを信じていると思う。どうしてタダで広く読めるようにしないのか？　どうしてウェブの作品には紙に載っている作品より価値がないような言い方ができるのか？

Q. ウェブから新しい文学は生まれると思いますか？

A. 日本で「純文学」と認められるのは、「新潮」「群像」「文學界」「すばる」「文藝」など数誌の文芸誌に載った作品およびその部署が刊行する書籍にほぼ限られている。したがって、ウェブ発の書き手がそこで書けば「文学」として制度的・業界的に認められる。あるいは、「文芸誌」の部署が小説サイトを立ち上げ、そこに掲載された作品を芥川賞など既成の文学賞の選考対象作品としてレギュレーションするようになれば、認められる。そうでなければ認められない。

内容的にどうかではなく、掲載誌や担当部署で「文学」かどうかは出版業界的には決まっている。そういう意味では、少なくとも当面は「ウェブから新しい文学は（制度的に考えて）生まれない」だろう。

……とこんな調子で「最近、ウェブ小説が流行っているが、一部の人向けの、特定の傾向の作品ばかりが流行っていて多様性がない。けしからん」という構図に持っていきたがっていた記者およびその上司の思惑をひとつひとつ潰していったため、記事にはならなかった。

私は二〇一二年にある小説誌から「ライトノベルに対して警鐘を鳴らしてほしい」という依頼を受け、「二〇〇四年から右肩上がりで市場規模を大きくしてきたラノベに警鐘を鳴らすくらいなら他の文芸に対して警鐘を鳴らすべき。ラノベに警鐘を鳴らせるのは、もっと勢いがあるウェブ小説だけである」という趣旨の原稿を書き、小説新人賞不要論や紙の雑誌オワコン論、代わりにウェブのランキングとポイントシステムがあればいい、などといった本書で展開してきたようなもろもろを執筆したところ、掲載拒否を喰らったこともある。「君のこれからのキャリアを考えると、載せない方がいい」という不可解な理由だった。

既存の価値観を守り、既存の権威をもって新興勢力を否定したい気持ちは、わからないでもない。ただそこで思考停止や現実否認をしても、ウェブ小説とその書籍化の勢いは変わらない。

おわりに

「効率性の重視」と「中長期的な視野」の両立を

本書では、紙メディアの凋落とウェブメディアの隆盛があいまって進行している「ウェブ小説書籍化」の波について論じてきた。

「紙の書籍か電子書籍か」といった議論から抜け落ちてきた「基本無料のウェブ・プラットフォーム」がどんなもので、そこから生まれるコンテンツにはどんな特徴があり、出版社はどう付き合いうるのかという、より本質的かつ重要な問題を扱ってきた。

「なろう」や「エブリスタ」といった個別のプラットフォームの愛好者、特定ジャンルのファンからすれば、表層的で「ヌルい」紹介や分析に見えただろう。もっとひとつひとつを掘り下げて書いてほしい、と思ったかもしれない。その点に関しての批判は甘んじて受けたい。ただ本書では「ウェブと紙の関わり」（デジタルとアナログ、データとモノ）の事例を広く見ていくことで、大きな見取り図を浮かび上がらせることに主眼を置いてきた。

出版社は0から1を生み出すR&D機能は、効率的なウェブプラットフォームに委譲し、そこで生まれた才能／作品を書籍化することで1から10くらいまでにする場面に主に関わり、一部の作品は映像化されることで50や100の商品力を持つコンテンツへと成長していくことになる。あるいは、映像化されるほどのヒットは生まれないが、固定ファンに支持されるジャンルが、ウェブと紙を連動させることでいくつもうまれ、続いていくことになるはずだ。

紙の本や雑誌は、全体としては間違いなくこれまで以上に売れなくなる。北米の動向を見るかぎりでは、電子書籍は紙の三割ていどまで成長したのちは、落ち着くだろう。可処分所得や可処分時間は、ウェブコンテンツやライブ／体験型エンターテインメントに奪われていく。それは精神論や根性論、「文化は大切だ」「文学はすばらしい」などといくら語ったところで変わらない。

しかし、紙の本が消滅するわけでもない。文字をベースにした作品／商品はなくならない。何度か指摘してきたように、出版社はウェブとうまく組めば、いきなり紙の本を作って売るのに比べて、ムダ弾を打たなくてよくなる（すべる本を出さなくて済む）。非効率的な紙の雑誌、売れない紙の本づくり、やる意味の薄い旧来型の新人賞に固執せず、ウェブと組むかたちに移行すればいい。効率性や商業主義を否定したいのであれば、紙でやっていないでウェブに全部アップして無料で読めるようにするか、出版社にカネを出して本をつくってもらうのではなく、自分のカネを投じてモノをつくるべきだ。

そんな目先の効率性ばかり重視するのではなく、中長期的に出版文化のことを考えていくべきだ——という意見には、私も賛成である。

出版産業にかぎったことではないが、日本人は、もっともマーケットが大きい層（ボリュームゾーン）がどこかわかると、そこに殺到する愚かな傾向がある。たとえばＴＶ番組で数字を持っているのは今や中高年層だから、中高年向けの番組が増え、若者向けの番組は減る。そして「若者のTV離れ」などと言っている。当たり前である。小説でも、「日本で小説をいちばん読んでいるのは三〇代~四〇代女性」だとわかると、そこに向けた「ライト文芸」のレーベルが乱立する。あるいは、「なろう」で人気の作品を書籍化すれば売れる、とわかると、そこに殺到し、本来一〇代男子向けであったはずの既存のライトノベル文庫のレーベルまで「なろう」書籍化に参入し、読者の平均年齢を引き上げる（＝本来ターゲットであった読者を離れさせる）。経済学で言う「合成の誤謬」、ひとりひとりは正しいことをやっているつもりだが全体で見ると悪しき結果を招いてしまう典型である。

本書を注意深く読んできた方ならお気づきかもしれない。

ウェブ小説書籍化作品を熱心に買って〝いない〟層がある。ひとつは高齢者層であり、こちらは仕方がない。もうひとつは、二〇一〇年代初頭までは「狭義のラノベ」がつかまえていたはずの、ローティーンからミドルティーンの男子である。ここに向けた小説は、いまや空洞化の危機にある。

同じ一〇代でも女子向けはボカロ小説やジャンプマンガのノベライズなどで非常に充実してきた（ノベルスのランキングは森博嗣や田中芳樹、西村京太郎といったベテラン勢をのぞけば『黒子のバスケ』や『ハイキュー!!』といったジャンプマンガのノベライズでほとんどが占められている）。ここ数年で、あらためて開拓された感がある。

しかしほとんどどこの版元も、一〇代男子向けの小説マーケットに改めて注目し、積極的に、真摯に向きあっているようには見えない（多くのラノベレーベルでは、中高生にアンケートやインタビューをするという基本的なマーケットリサーチすら行っていない）。少年たちは、年長者向けの小説をしかたなく読まされているのではないだろうか？　その結果、離れていっているのではないか？　そういう気がしてならない。

小中高校生向けの小説、それも女子に比べれば読書を好む割合が少ない男子向けは、たしかに、お金を持っている三〇代以上向けの小説よりも売れないだろう。しかしここを軽んじ、開拓することを怠れば、一〇年後、二〇年後、三〇年後の小説マーケット、書籍市場はもっと悲惨なことになる。九〇年代に『スレイヤーズ！』やあかほりさとる作品などのライトノベルがブームだったから、いま「なろう」の異世界ファンタジーを好んで読む三〇代、四〇代男性が層として分厚く存在している。いままったく小説を読んでいない中高生が、二〇年後に小説を読んでいるわけがない。いま五〇代前後のいわゆる「オタク第一世代」の大人たちは、『宇宙戦艦ヤマト』の新作がつくられれば嬉々として観ているし、いま四〇代前後の「オタク第二世代」の大人たちは安彦良和が描いた『機動戦士ガンダム THE ORIGIN』がアニメ化されれば歓喜している。大人になれば自然と純文学を読むようになる、サブカルから離れていく……わけではない。三つ子の魂百まで、なのだ。人間は、幼少期や思春期に熱中したものを一生引きずって消費していく。だからこそ一〇代向けの小説に力を入れることは中長期的に出版ビジネスを運営し、文化を営んでいくうえで重要なはずだ。

一〇代男子向けの「ウェブ→紙」のエンタメ小説、ウェブテクノロジーの力と版元の力をかけあわせた小説は、まだどこも成功していない。どころか、狙っているところ自体が少ないのではないかと思われる。

フォーマットとして新味がなくなり、ローティーンからは「俺たち向けのもの」ではなく「古いもの」と思われはじめているきらいもある「ライトノベル」とはまた違うかたちの、一〇代男子向けのエンタメ小説を模索する企業／版元の登場、書店や取次とともに行う施策に、私は期待している。

いま現在のボリュームゾーンにばかり目を向け、目先の効率だけを重視する。あるいは、自分たちが嫌いなサブカル系の小説を軽んじ、否定する。それによってたとえば「一〇代男子向け」マーケットに対する施策が抜け落ち、中長期的に見れば自分たちの首を絞める。そういうことは、避けねばならない。

とはいえ、出版業界が自力ではどうにもできそうにないことは、本書冒頭で示したとおりである。であればテレビとネットの力を借り倒してでも、再興させねばならない。

――と同時に、矛盾するようだが、紙の小説を養分とせず、紙の小説にあこがれをもたない新しい世代がうまれ、彼らがつくる景色を見てみたくもある。そのためにも、紙以外で書かれる文芸を、もうしばらくは注視していきたい。

あとがき

私は、紙の本や雑誌に対するフェティシズムがない。もはや自宅に物理的に本を置くスペースがないこともあるが、紙の本か電子書籍かの二択なら、電子を買う。「紙の方が読みやすい」「便利だ」と言うひとは多い。だが読みやすさは慣れの問題であり、利便性に関しては電子書籍の高機能化が進めば、紙を上回るようになる。些末な問題は、テクノロジーが解決する。私はそもそもモノに対する執着がない。なにかが終わっていくときに、センチメンタルになることもそれほどない。好きな小説ジャンルがないわけではないが、「純文学のほうがウェブ小説よりえらい」などとは考えない。どのジャンルでもおもしろいものはおもしろいし、つまらないものはつまらない。「おもしろがりかた」を理解するリテラシーがなければ、わからないものも多いけれど。そういう人間が書いた本になった。

これでも私は、新卒からずっと出版業界に携わっている。版元に勤める紙の雑誌の編集者だったことも、小説の編集者だったこともある。今でもウェブより紙での仕事の方が多い。

そんな人間が、なぜウェブ小説に興味をもちはじめたか。もともとはラノベに興味があったからである。私の前著は、ラノベに関するものだ。ラノベの動向を追ううちに、ベストセラーにウェブ小説書籍化作品が目立ちはじめていることに気づいた。そして作品を読み、取材していくうち、従来「一〇代向け」とされてきたラノベとは異なる人たち向けにマーケットが形成され、紙の新人賞や編集会議とは異なる方法論でスターが生まれていること、落ち目である紙の雑誌を代替する存在たりうることなどがわかり、「おもしろい」と思うようになっていった。私が感じた「おもしろさ」が今ここをお読みのあなたに伝わっていたら、うれしい。

本書は、出版業界誌「新文化」に連載中の「衝撃 ネット小説のいま」をはじめ、私がここ数年のうちに書いてきた原稿を再構成し、書き下ろしを加えたものである。取材にご協力いただいた関係者に、改めて謝意を。「新文化」の連載は、前著を読んだ編集者がコンタクトをくれたことを発端に始まっており、本書には前著の続編的な性格がある。「新文化」編集部の芦原真千子さん、冨田薫さん、ありがとうございました。ボカロやフリーゲームの取材をしはじめたことについては、前著刊行後にsezuさん（『リンちゃんなう！』作詞家・小説家）や一迅社『Febri』編集部の藤原遼太郎氏と出会ったこと、大正大学の大島一夫先生の講義にゲストで呼ばれ、学生と対話したことがきっかけとなった。お三方にも御礼を。

本書の編集担当・山本充氏との付き合いは、二〇〇三年からになる。私が商業誌に初めて文芸評論を書いたときの担当が、山本氏だった。感謝してもしきれない。

最後に。妻と息子、二匹の飼い猫が支えになってくれた。謝辞のテンプレに倣っているだけみたいで申し訳ないけれど、本当です。

二〇一六年一月二十六日　　　飯田一史

主要参考文献

デービッド・A．アーカー『カテゴリー・イノベーション』（日本経済新聞出版社）
飯田一史「衝撃　ネット小説のいま」http://www.shinbunka.co.jp/rensai/netnovellog.htm（新文化社）
飯田一史『ベストセラー・ライトノベルのしくみ』（青土社）
飯田一史 Yahoo! ニュース個人（http://bylines.news.yahoo.co.jp/iidaichishi/）
磯部涼・編著『新しい音楽とことば』（スペースシャワーネットワーク）
epics「事例紹介 映画『ダークナイト』ARG『Why So Serious?』」http://arg.igda.jp/2012/07/argwhy-so-serious.html（ARG情報局）
限界研・編『ビジュアル・コミュニケーション　動画時代の文化批評』（南雲堂）
限界研・編『ポストヒューマニティーズ　伊藤計劃以後のSF』（南雲堂）
『このライトノベルがすごい！』編集部『このWeb小説がすごい！』（宝島社）
ダン・シロカー、ピート・クーメン『部長、その勘はズレてます！「A／Bテスト」最強のウェブマーケティングツールで会社の意思決定が変わる』（新潮社）
原田曜平&日本テレビZIP！取材班『間接自慢する若者たち』（カドカワ）
深町なか『深町なか画集　ほのぼのログ～大切なきみへ～』（一迅社）
フランク・ローズ『のめりこませる技術　誰が物語を操るのか』（フィルムアート社）

マクロミル ブランドデータバンク『世代×性別×ブランドで切る！ 第4版』（日経ＢＰ社）
ヤンミ・ムン『ビジネスで一番、大切なこと 消費者のこころを学ぶ授業』（ダイヤモンド社）
安田俊亮「「３Ｄ小説 bell」におけるＡＲＧ的ストーリーテリングの可能性」http://game.watch.impress.co.jp/docs/news/20150826_718033.html（GAME Watch）
エリック・リース『リーンスタートアップ』（日経ＢＰ社）
『Ｅ★エブリスタ年鑑 ２０１４年版』（密林社）
『出版月報』二〇一五年三月号（出版科学研究所）
『読書世論調査２０１５年版』（毎日新聞社）
『２０１５年版 出版指標年報』（出版科学研究所）
『Febri』vol. 19、23、26、27、29（一迅社）
『pixiv Febri』（一迅社）
『本格ミステリー・ワールド２０１５』（南雲堂）
『マンガの現在地！ 生態系から考える「新しい」マンガの形』（フィルムアート社）
『レジャー白書２０１５』（日本生産性本部）

著者略歴

飯田一史（いいだ・いちし）

1982年青森県むつ市生まれ。サブカルジャーナリスト／批評家。グロービス経営大学院経営研究科経営専攻修了（ＭＢＡ）。小説誌、カルチャー誌、ライトノベルの編集者を経てライターとして独立。著書に『ベストセラー・ライトノベルのしくみ――キャラクター小説の競争戦略』（青土社）、共著に『21世紀探偵小説――ポスト新本格と論理の崩壊』『ポストヒューマニティーズ――伊藤計劃以後のＳＦ』（ともに南雲堂）など。主な寄稿媒体に「ユリイカ」「Quick Japan」「Febri」「新文化」など。マンガ家や経営者、出版関係者のインタビューも多数手がける。

ウェブ小説《しょうせつ》の衝撃《しょうげき》――ネット発《はつ》ヒットコンテンツのしくみ

二〇一六年二月二〇日　初版第一刷発行

著　者　飯田一史

発行者　山野浩一

発行所　株式会社筑摩書房
東京都台東区蔵前二―五―三　〒一一一―八七五五
振替〇〇一六〇―八―四一二三

印　刷　中央精版印刷株式会社

製　本　中央精版印刷株式会社

ISBN978-4-480-86440-6 C0095